AF462725

EDICT
DV ROY,

Portant Eſtabliſſement de l'Hoſpital General, pour le renfermement des Pauures mandians de la Ville & Faux-bourgs de Paris.

Donné à Paris au mois d'Auril, mil ſix cent cinquante-ſix, verifié en Parlement, le premier Septembre enſuiuant.

A PARIS,
DE L'IMPRIMERIE ROYALE.

M. DC. LXI.

LOVIS par la grace de Dieu Roy de France & de Nauarre, A tous presens & à venir, Salut. Les Roys nos predecesseurs ont fait depuis le dernier siecle plusieurs Ordonnances de Police, sur le fait des Pauures en nôtre bonne Ville de Paris, & trauaillé par leur zele autant que par leur authorité, pour empescher la mandicité & l'oysiueté, comme les sources de tous les desordres. Et bien que nos Compagnies Souueraines ayent appuyé par leurs soins l'execution de ces Ordonnances; Elles se ſont trouuées neantmoins par la ſuite des temps infructueuſes, & ſans effet, ſoit par le manquement des fonds neceſſaires à la ſubſiſtance d'vn ſi grand deſſein, ſoit par le deffaut d'vne Direction bien eſtablie & conuenable à la qualité de l'Oeuure. De ſorte que dans les derniers temps & ſous le Regne du deffunt Roy, noſtre tres-honoré Seigneur & Pere, d'heureuſe memoire, le mal s'eſtant encores accreu par la licence publique, & par le déreglement des mœurs: L'on reconnuſt que le principal deffaut de l'execution de cette Police prouenoit, de ce que les mandians auoient la liberté de vacquer par tout, & que les ſoulagemens qui eſtoient procurez, n'empeſchoient pas la mandicité ſecrette, & ne faiſoient point ceſſer leur oyſiueté. Sur ce fondement fut proietté & executé le loüable desſein de les renfermer dans la Maiſon de la Pitié, & lieux qui en dépendent. Et Lettres Patentes accordées pour cét effet en mil ſix cent douze, regiſtrées en noſtre Cour de Parlement de Paris, ſuiuant leſquelles les Pauures furent enfermez; & la Direction commiſe à de bons & notables Bourgeois, qui ſucceſſiuement les vns aprés les autres, ont apporté toute leur induſtrie & bonne conduite, pour faire reüſſir ce deſſein. Et toutesfois quelques efforts qu'ils ayent peu faire, il n'a eu ſon effet que pendant cinq ou ſix années, & encores tres-imparfaitement, tant par le deffaut d'employ des Pauures dans les Oeuures publics & manufactures, que pour ce que les Directeurs n'eſtoient point appuyez des pouuoirs & de l'authorité neceſſai-

Renfermement des pauures en 1612.

re à la grandeur de l'entreprise, & que par la suite des desordres & malheur des guerres, le nombre des Pauures soit augmenté au delà de la creance commune & ordinaire, & que le mal se soit rendu plus grand que le remede. De sorte que le libertinage de mandians est venu iusqu'à l'excés, par vn malheureux abandon à toutes sortes de crimes, qui attirent la malediction de Dieu sur les Estats, quand ils sont impunis. L'experience ayant fait connoistre aux personnes, qui se sont occupées dans ces charitables employs, que plusieurs d'entr'eux de l'vn & de l'autre Sexe habitent ensemble sans mariage, beaucoup de leurs enfans sont sans Baptesme, & ils viuent presque tous dans l'ignorance de la Religion, le mespris des Sacremens & dans l'habitude continuelle de

Vies desordonnée des mandians.

toutes ſortes de vices. C'eſt pourquoy, comme nous ſommes redeuables à la miſericorde Diuine de tant de graces, & d'vne viſible protection qu'elle a fait paroiſtre ſur noſtre conduite à l'aduenement, & dans l'heureux cours de noſtre Regne, par le ſuccés de nos Armes, & le bon-heur de nos Victoires, nous croyons eſtre plus obligez de luy témoigner nos reconnoiſſances, par vne Royale & Chreſtienne application aux choſes qui regardent ſon honneur & ſon ſeruice; conſiderans ces Pauures mendians, comme membres viuans de IESVS-CHRIST, & non pas comme mambres inutils de l'Eſtat. Et agiſſans dans la conduite d'vn ſi grand Oeuure, non par ordre de Police, mais par le ſeul motif de la Charité.

I.

A CES causes, aprés auoir fait examiner toutes les anciennes Ordonnances & Reglemens sur le fait des Pauures, par grands & notables personnages, & autres intelligens & experimentez en ces matieres, ensemble les expediens plus conuenables dans la misere des temps, pour trauailler à ce dessein, & le faire reüssir auec succés à la gloire de Dieu, & au bien public. De nostre certaine science, propre mouuement, pleine puissance & authorité Royale: VOVLONS & ordonnons, que les Pauures mandians valides & inualides, de l'vn & de l'autre Sexe, soient enfermez dans vn Hospital, pour estre employez aux Ouurages, manufactures, & autres trauaux, selon leur pouuoir, & ainsi qu'il est amplement contenu au Reglement, signé de nostre main, attaché sous le contreseel des presentes, que nous voulons estre executé selon sa forme & teneur.

Que les Pauures mandians valides & inualides seront renfermez, & employez aux manufactures.

II.

Chefs de la Direction de l'Hospital.

POVR reüssir auec succés à l'Establissement d'vn si grand dessein, nous auons nommé & nommons par ces presentes, nostre amé & feal le sieur Bellieure Cheualier, nostre Conseiller en tous nos Conseils, & premier President en nostre Parlement; & nostre amé & feal le sieur Fouquet,

Foucquet, aussi nostre Conseiller en tous nos Conseils, & nostre Procureur general, pour estre eux & leurs successeurs esdites Charges, Chefs de la Direction dudit Hospital.

III.

Directeurs & perpetuels Administrateurs.

NOVS auons aussi commis & commettons auec eux pour Directeurs, & perpetuels Administrateurs, nos amez & feaux Christophle l'Eschassier nostre Conseiller, & Maistre ordinaire en nostre Chambre des Comptes; Charles Loyseau nostre Conseiller en nostre Cour des Aydes; Iean Marie Lhoste, ancien Aduocat en nostre Parlement; Christophle du Plessis sieur de Mombart, Conseiller en nos Conseils; Bertrand Droüart nostre Conseiller, & Maistre d'Hostel ordinaire; Iean de Gomont Aduocat en nostredite Cour; Claude Chomel nostre Conseiller, cy-deuant Tresorier des Ligues des Suisses & Grisons; Iean de la Place nostre Conseiller & Secretaire; Antoine Pajot sieur de la Chapelle; Gabriel de Gaulmont sieur de Cheuanes; Louis Seguier sieur de sainct Firmin; Nicolas Barbier nostre Conseiller & Receueur des gages des Officiers de nostre Cour des Aydes; Iean Leuesque & Denis Pichon anciens Consuls, Marchands Bourgeois de Paris; Sebastien Cramoisy ancien Iuge Consul, ancien Escheuin, Marchand Bourgeois de Paris; Henry

Gillot ancien Conſul, Marchand Bourgeois de Paris; Iacques Laugeoys Marchand Bourgeois de Paris, Iean le Marchant ancien Conſul, Marchand Bourgeois de Paris; Claude Patin ancien Conſul, Marchand Bourgeois de Paris; André le Vieux ancien Conſul, ancien Eſcheuin, Marchand Bourgeois de Paris; Iacques Poignant Bourgeois de Paris; Chriſtophle Maillet ancien Conſul, Marchand Bourgeois de Paris; Antoine Vitré, Marchand Bourgeois de Paris; Iacques Belin Bourgeois de Paris; Sauueur de Burlamaguy Eſcuyer; & Loüis Collard Bourgeois de Paris.

IV.

Don de la Pitié, du Refuge, Scipion, Sauonnerie, Biſſeſtre.

ET pour enfermer les Pauures qui ſeront de la qualité d'eſtre enfermez, ſuiuant le Reglement, nous auons donné & donnons par ces preſentes, la Maiſon & Hoſpital, tant de la grande & petite Pitié, que du Refuge, ſcis au Faux-bourg ſainct Victor, la Maiſon & Hoſpital de Scipion, & la Maiſon de la Sauonnerie, auec tous les lieux, Places, Iardins, Maiſons, & Baſtimens qui en dépendent, enſemble les Maiſons & Emplacemens de Biſſeſtre, circonſtances & dépendances que nous auons cy-deuant donnez, pour la retraite des Enfans trouuez, en attendant que les Pauures fuſſent renfermez. A quoy leſdits Baſtimens & lieux de

Biſſeſtre ont eſté par nous affectez : reuocquant en tant que beſoin ſeroit, tous autres Breuets & conceſſions qui pourroient en auoir eſté obtenuës, en faueur des pauures Soldats Eſtropiez ; ou pour quelque autre cauſe ou pretexte : deſrogeans à toutes Letrres à ce contraires.

V.

La Maiſon de la Pitié & autres, ſeront appellées l'Hoſpital General.

VOVLONS, que les lieux ſeruans à enfermer les Pauures, ſoient nommez l'Hoſpital General des Pauures ; que l'Inſcription en ſoit miſe auec l'Eſcuſſon de nos Armes ſur le Portail de la Maiſon de la Pitié, & membres qui en dépendent.

VI.

Le Roy Protecteur d'iceluy, & Fondateur.

ENTENDONS eſtre Conſeruateur & Protecteur dudit Hoſpital General, & des lieux qui en dépendent, comme eſtant de noſtre Fondation Royale ; & neantmoins qu'ils ne dépendent en façon quelconque de noſtre grand Aumoſnier, ny d'aucuns de nos Officiers ; mais qu'ils ſoient totalement exempts de la ſuperiorité, viſite & Iuriſdiction des Officiers de la generale Reformation, & auſſi de la grande Aumoſnerie, & de tous autres, auſquels nous en interdiſons toute connoiſſance & Iuriſdiction, en quelque façon & maniere que ce puiſſe eſtre.

VII.

N'est rien in-nou pour le grand Bureau.

DECLARONS, que nous n'entendons par ces presentes, toucher en quoy que ce soit à la Direction & Administration du grand Bureau de nostre bonne Ville de Paris, lequel demeurera en son entier, comme il estoit auparauant, fors & excepté pour le faict des Pauures mandians, dont nous luy interdisons toute connoissance, Police & Iurisdiction.

VIII.

Supression de l'Administration de la Pitié.

NOVS auons en ce faisant esteint & supprimé, esteignons, & supprimons par ces presentes, la Direction & Administration des Directeurs de la Maison, & Hospital de la Pitié scis au Faux-bourg sainct Victor, & lieux qui en dépendent, des soins & integrité, desquels nous sommes tellement satisfaits, que nous les auons cy-dessus compris dans le nombre des Directeurs.

IX.

Defenses de mandier publiquement.

FAISONS tres-expresses inhibitions & defenses à toutes personnes de tous Sexes, & lieux & âges de quelque qualité & naissance, & en quelque estat qu'ils puissent estre, valides, ou inualides, malades ou conualescens, curables, ou incurables, de mandier dans la Ville & Faux-bourgs de

Paris, ny dans les Eglises, ny aux Portes d'icelles, aux portes des maisons, ny dans les ruës, ny ailleurs publiquement, ny en secret, de iour ou de nuict ; sans aucune exception des Festes solemnelles, Pardons, ou Iubilez, ny d'Assemblées, Foires ou Marchez, ny pour quelque autre cause ou pretexte que ce soit ; à peine du foüet contre les contreuenans pour la premiere fois ; & pour la seconde fois des Galeres, contre les hommes & garçons, & du bannissement contre les femmes & les filles.

X.

Si aucuns alloient mandier dans les maisons, nous permettons & expressément commandons aux Proprietaires & Locataires, à leurs domestiques & autres, de retenir lesdits mandians, iusques à ce que les Directeurs ou Officiers cy-aprés nommez en soient aduertis, pour leur imposer les peines cy-dessus, suiuant l'exigence des cas.

Ny secrettement.

XI.

N'entendons comprendre dans lesdites defenses cy-dessus les Questes pour l'Hostel-Dieu, & lieux qui en dépendent ; celles pour le grand Bureau des Pauures, & lieux aussi qui en dépendent ; les Aueugles de l'Hospital des Quinze-vingts, les Enfans des Hospitaux de la Trinité ; du sainct Esprit ; & des Enfans Rouges ;

Exception des Hospitaux Religieux & Religieuses mandiantes qui en ont droit.

les Religieux mendians; les Religieuſes de l'Aue-Maria ; & autres qui ont droits de Troncs, ou de Queſtes, leſquels nous en auons ſeulement exceptez, les defendans generalement à tous autres ; & à la charge que les Aueugles, les Enfans & autres ayans droits de Queſtes, demeureront aux portes des Egliſes, ou prés de leurs Troncs ; auec defenſes de demander ailleurs dans les Egliſes ; à peine d'eſtre décheus de leurs droits.

Les Aueugles & Enfans ne mandieront dans les Egliſes.

XII.

Pouuoir des Directeurs ſur les mandians.

L'Arreſt de verification du Parlemẽt porte ſur cét article.

Sans neantmoins que les Directeurs nommez par icelles, puiſſent prendre aucune Cour ny Iuriſdiction ſur autres que ſur les Pauures Enfermez dãs ledit Hoſpital general, & ſur les autres Pauures qui ſeront trouuez au dehors contreuenans aux defenſes portées par icelles Lettres, & par ledit Reglement, & ce par forme de chaſtiment & correction ſeulement; à la charge que où il y aura lieu d'ordonner des peines afflictiues, qui deuſſent eſtre executées au dehors dudit Hoſpital, leſdits Directeurs ſeront tenus les faire iuger par le Lieutenant Criminel, & Officiers du Chaſtelet, & autres Iuges qui en doiuent connoiſtre; ce qui ſera fait ſommairement & ſans frais.

NOVS donnons & attribuons aux Directeurs par nous cy-deuant nommez, & commis pour ledit Hoſpital general, & à leurs ſucceſſeurs qui ſeront auſſi perpetuels durant leur vie, tout pouuoir & authorité de Direction, & Adminiſtration, connoiſſance, Iuriſdiction, Police, correction, & chaſtiment, ſur tous les Pauures mandians de noſtre Ville & Faux-bourgs de Paris, tant dedans que dehors ledit Hoſpital general, & excluſiuement, priuatiuement, & independamment de la Direction du grand Bureau, & de toute autre Direction & Police de noſtre Ville, Faux-bourgs, Preuoſté & Vicomté de Paris.

XIII.

Auront pour cét effet les Directeurs, poteaux & carcans, prisons & basses-fosses dans ledit Hospital general & lieux qui en dépendent, comme ils aduiseront ; sans que l'appel puisse estre receu des Ordonnances qui seront par eux renduës pour le dedans dudit Hospital ; & quant à celles qui interuiendront pour le dehors, elles seront executées selon leur forme & teneur, nonobstant oppositions ou appellations quelconques faites ou à faire, & sans preiudice d'icelles, & pour lesquelles nonobstant aussi toutes defenses & prise à partie ne sera differé.

Auront poteaux, carcans, prisons, basses-fosses.

Sans appel pour le dedans de l'Hospital.

XIV.

Auront les Directeurs vn Bailly de l'Hospital, Sergens des Pauures, Gardes aux Portes & aux aduenuës, auec hallebardes & autres armes conuenables, & tous autres Officiers necessaires, tant pour executer leurs Ordonnances, que pour faire les captures des mandians, & conduire en l'Hospital ou lieux qui en dépendent ceux qui doiuent y estre admis, renuoyer, chasser, ou arrester ceux qui en doiuent estre exclus, & accompagner les passans, ainsi qu'il est porté par le Reglement cy-attaché. Lesquels Bailly, Sergens, Gardes, & autres Officiers seront instituez ou destituez à la volonté des Directeurs,

Vn Bailly, des Sergens, des Gardes aux Portes de la Ville, & Officiers necessaires.

Instituez & destituez par les Directeurs.

& ſans qu'ils ſoient aucunement dépendans du Baiſly des Pauures du grand Bureau, ny autres Officiers ou Iuges pour le faict de leurs charges.

XV.

Deuoir du Bailly & Officiers.

ENIOIGNONS au Bailly, & autres Officiers qui ſeront commis par les Directeurs, de faire exacte perquiſition chacun iour auec les Sergens dudit Hoſpital, pour empeſcher toutes ſortes de mandians par les ruës, & ponctuellement executer le contenu en ces preſentes, & au Reglement cy-attaché : à peine d'eſtre chaſſez & punis, ſans qu'ils puiſſent prendre aucune choſe des Pauures, ny autres, ny les fauoriſer ou ſouffrir, ny auſſi les mal-traiter ; le tout ſur peine de punition corporelle.

XVI.

Maiſons de deport dans la Ville, pour enfermer les Pauures par prouiſion.

POVRRONT les Directeurs auoir dans nôtre-dite Ville & Faux-bourgs, telles maiſons & lieux que bon leur ſemblera pour la Garde des Pauures, iuſques à ce qu'il en ait eſté par eux ordonné, pour les admettre en l'Hoſpital general, ou pour les conduire en d'autres lieux, ou pour les renuoyer ou chaſſer de la Ville & Faux-bourgs.

XVII.

Defenſes de

FAISONS inhibitions & defenſes à toutes perſonnes

personnes de quelque qualité & condition qu'ils soient, de donner l'aumosne manuellement aux mandians dans les ruës & lieux cy-dessus, nonobstant tout motif de compassion, necessité pressante, ou autre pretexte que ce puisse estre; à peine de quatre liures parisis d'amende, applicable au profit de l'Hospital, au payement de laquelle ils seront contraints & sans deport, en vertu des Ordonnances des Directeurs, sur le rapport de leurs Officiers.

donner aux mandians, à peine de quatre liures d'amende.

XVIII.

DEFFENDONS pareillement aux Proprietaires & Locataires des maisons, & à tous autres de loger, retirer, ny retenir chez eux, aprés les publications des presentes, les Pauures qui sont ou seroient mandians; à peine de cent liures d'amende pour la premiere fois, de trois cent liures pour la seconde, & de plus grande, en cas de recidiue, le tout applicable au profit des Pauures dudit Hospital general; pour raison de quoy les Proprietaires, Locataires & autres, pourront estre contraints par saisies de leurs biens, & emprisonnemens de leurs personnes, en vertu des presentes, & des Ordonnances des Directeurs.

Defenses de les loger, à peine de cent liures d'amende.

Et de trois cent liures en recidiue.

XIX.

COMMANDONS aux Sergens du Bureau, &

Permis saisir

les lits, matelas, couuertures, &c. où ils auront couché.

tous autres Officiers de Iustice, de saisir en vertu des presentes, & de l'Ordonnance des Directeurs, les lits, matelas, couuertures & paillasses, dans lesquels auront estez couchez les Pauures chez les particuliers, qui leur auront donné retraitte, au preiudice des presentes; Et voulons que le tout sans aucune formalité de Iustice, soit enleué & appliqué au profit des Pauures dudit Hospital general, sans esperance de repetition.

XX.

Deffenses d'empescher la capture des Pauures.

DEFFENDONS aux Soldats de nos Gardes, mesmes aux Bourgeois de nostre-dite Ville & Faux-bourgs, & à toutes personnes de quelque qualité ou condition qu'ils soient, de molester, iniurier, ny mal-traiter le Bailly, Officiers, ny aucun de ceux qui seront employez pour prendre, ou conduire, renuoyer, chasser, ou accompagner les Pauures, & d'empescher l'execution du Reglement general, ou des Ordonnances particuliers des Directeurs; à peine d'estre emprisonnez sur le champ, & procedé criminellement contr'eux, à la requeste des Directeurs, & aux Pauures de faire resistance, sur peine d'estre punis, ainsi que les Directeurs aduiseront.

XXI.

Cheualier du

ORDONNONS au Cheualier du Guet, Preuoſt de l'Iſle, Preuoſt des Mareſchaux, Lieutenant Criminel de Robe-courte, leurs Exempts & Archers, Commiſſaires du Chaſtelet, Huiſſiers, Sergens, & autres Miniſtres de Iuſtice & Police, & meſme à tous nos Suiets, de donner main-forte audit Bailly de l'Hoſpital & Sergens des Pauures, pour l'execution tant des preſentes que du Reglement general, & des Ordonnances particuliers des Directeurs, pour raiſon dudit Hoſpital, s'ils en ont beſoin, ſoit pour la capture des Pauures, ou celles d'autres perſonnes qui ſe trouueront contreuenir aux Articles precedens, ſoit pour les ſaiſies, executions ou autrement : à peine d'en reſpondre par les refuſans ou dilayans en leurs propres & priuez noms, & d'amende arbitraire.

Guet, Preuoſt de l'Iſle, Commiſſaires, Sergens, Bourgeois, donneront main-forte.

XXII.

ENIOIGNONS aux Commiſſaires des Quartiers, Quarteniers, Dixeniers, Cinquanteniers, & autres, de ne laiſſer habiter perſonne dans leur Quartier, qu'il n'ait prealablement verifié au Bureau de la Police, d'auoir du bien, induſtrie, ou vacation ſuffiſante pour ſe nourrir, & ſubuenir à leurs familles : Excepté les Pauures honteux aſſiſtez des Parroiſſes ou d'ailleurs, & les Pauures mariez à preſent mandians, qui ſeront à l'Aumoſne dudit Hoſpital general, ſuiuant le certificat qu'ils en rapporteront : à peine d'en ré-

Commiſſaires des Quartiers, Quarteniers, Dixeniers, & ne ſouffriront loger gẽs ſans induſtrie, vacation, &c.

pondre par lesdits Commissaires des Quartiers, Quarteniers, & autres, en leurs propres & priuez noms, & dont ils apporteront tous les mois les Roolles au Bureau dudit Hospital : à peine de quarante-huit liures parisis, contre chacun de ceux qui se trouueront y manquer. Enioignons aux Directeurs d'auoir vn soin particulier de l'execution du present article.

En apporteront tous les mois les Roolles au Bureau, à peine de 48. liures d'amende.

XXIII.

Prestres Missionnaires pour le spirituel,

COMME nous prenons soin du salut des Pauures qui doiuent estre enfermez, aussi bien que de leur Establissement & subsistance, ayant dés y a long-temps reconneu la benediction que Dieu a donné au trauail des Prestres Missionnaires de sainct Lazare, les grands fruits qu'ils ont faits iusques à present pour le secours des Pauures, & sur l'esperance que nous auons qu'ils continuëront & augmenteront à l'aduenir. VOULONS qu'ils ayent le soin & l'instruction du spirituel, pour l'assistance & consolation des Pauures de l'Hospital general, & lieux qui en dépendent, & qu'ils ayent l'administration des Sacremens, sous l'authorité & Iurisdiction spirituelle du sieur Archeuesque de Paris, auquel ils seront presentez par le General desdits Missionnaires, & par luy approuuez, & leur seront tous priuileges & exemptions ordinaires en pareil cas accordées.

Sous l'authorité de l'Archeuesque.

XXIV.

POVRRONT les Prestres qui seront commis audit Hospital general, receuoir les Testamens dans iceluy, & dans les lieux qui en dépendent, soit des Officiers, ou domestiques, ou des Pauures, & autres y estans, en ce qu'ils pourront tester, & seront lesdits Testamens valables, comme s'ils estoient holographes ou passez pardeuant Notaires, Curez, ou Vicaires, dérogeant pour ce regard seulement aux Ordonnances & coustumes à ce contraires.

Les Prestres pourront receuoir les Testamens.

L'Arrest de verification porte.

Et à la charge que les Prestres qui seront nommez par lesdits Directeurs, & admis pour l'administration des Sacremens & seruice dudit Hospital general, seront tenus pour la validité des Testamens qu'ils pourront receuoir, appeller auec eux lors de la reception desdits Testamens, le nombre des témoins requis pour la coustume de Paris.

XXV.

SERONT tous lesdits Prestres Missionnaires & autres, à l'esgard de la Police & discipline temporelle concernant l'Hospital, sous l'entiere dépendance des Directeurs, en qualité de Superieurs au Bureau, desquels ils seront presentez, approuuez, & receus, & par eux employez sur l'estat de la Maison, sans qu'ils puissent auparauant s'immiscer en aucune fonction dans ledit Hospital general, ny aprés prendre aucune retribution.

Seront sous l'entiere disposition des Directeurs au temporel, ausquels ils seront presentez, & par eux receus & approuuez.

XXVI.

LORS que le Superieur desdits Missionnaires

Le Superieur

des Prestres ou celuy par luy commis, aura seance au Bureau, de voix deliberatiue, &c.

ou en son absence, celuy qui sera par luy commis, viendra au Bureau pour chose concernant le spirituel, ou ce qui en dépend, il y aura voix deliberatiue en ce qui sera par luy proposé, & luy sera pour cela donné seance, aprés le plus ancien de ceux des Directeurs perpetuels, qui y seront lors presens.

XXVII.

Les Directeurs choisiront des femmes & des filles, pour assister celles de leur sexe.

POVR secourir & assister les femmes & filles qui seront enfermées dans ledit Hospital general, & lieux qui en dépendent, les Directeurs pourront employer les personnes de mesme sexe, qu'ils trouueront estre les plus propres au secours & assistance des Pauures, sous les mesmes ordres & dépendance totale desdits Directeurs.

XXVIII.

Subsistance.

DAVTANT que l'experience a fait connoistre, que les principaux manquemens qui ont esté à l'execution des desseins que l'on auoit eu cy-deuant d'enfermer les Pauures, sont procedez des deffauts d'Establissement suffisant, & de la subsistance necessaire; Nous auons donné audit Hospital general, tous les biens, droits, profits, reuenus, & emolumens, tant en fonds que fruits ordinaires, casuels, & extraordinaires, de quelque titre & qualité qu'ils puissent estre deubs, escheus, & à escheoir, appartenans, ou qui peuuent appartenir maintenant ou cy-aprés, aux Maisons & Hospitaux de la Pitié; du Refuge; de la Sauonnerie; Scipion; Bissestre; membres & lieux qui en dependent; desquels biens, droits & reuenus, les Receueurs, Fermiers, Locataires & Debiteurs, seront tenus de donner compte ou estat, & d'en faire le payement ou la deliurance, chacun ainsi qu'il y peut estre obligé ausdits Directeurs ou à leurs ordres : & en ce faisant, en demeureront lesdits Receueurs, Fermiers, Locataires & Debiteurs valablement quittes, & deschargez enuers & contre tous, & seront tous les Baux & sous-baux confirmez ou resolus, ainsi qu'il sera deliberé par les Directeurs, pour le plus grand auantage de l'Hospital.

Don à l'Hospital des biens, &c. De la Pitié, Refuge, Scipion, Sauonnerie, Bissestre.

XXIX.

APPARTIENDRONT pareillement audit Hospital general, tous les lits, meubles, couuertures, matelas, paillasses, linges, vstancilles de cuisine, mesnage, & autres desdites Maisons & Hospitaux, & lieux qui en dépendent, de toutes lesquelles choses sera fait Inuentaire par l'ordre des Directeurs, nonobstant l'opposition & l'empeschement de tous ceux qui voudroient pretendre y auoir interest.

Don des meubles desdits lieux.

Inuentaire d'iceux.

XXX.

L'Hospital participera à tous dons, &c. faits aux Hospitaux en general.

VOULONS que ledit Hospital general soit compris au nombre des autres Hospitaux de la Ville & Faux-bourgs de Paris, pour en auoir tous les mesmes droits, prerogatiues, & priuileges, & participer auec eux à tous les legs, donations, fondations & aumosnes, faits & à faire aux Hospitaux en general.

XXXI.

Les dons faits aux Pauures en general sans designation, appartiendront à l'Hospital.

DECLARONS neantmoins que tous les dons & legs faits par Contracts, Testamens, & autres dispositions, les adiudications d'amendes & aumosnes faites en la Ville & Faux-bourgs, Preuosté & Vicomté de Paris, en termes generaux, aux Pauures, ou à la communauté des Pauures, sans aucune autre designation, dont iusques à present l'employ n'aura point esté fait, quoy que les dispositions precedent ces presentes de quelque temps que ce soit, & toutes celles qui se feront cy-aprés ; seront & appartiendront audit Hospital general, & en cette qualité pourront estre vendiquez par les Directeurs.

XXXII.

Curez, Vicaires, Notaires, auertiront les testateurs de donner.

ENIOIGNONS aux Curez, Vicaires & Notaires, qui receuront des Testamens, d'aduertir les Testateurs, sans neantmoins les y obliger, de de faire quelques legs aux Pauures, & de faire mention dans les Testamens, que l'aduertissement en aura esté fait, à peine de nullité.

L'Arrest de verification porte.

Comme aussi sera la peine de nullité portée par lesdites Lettres contre les Curez, Notaires & Vicaires, qui auront manqué d'aduertir les Testateurs, de se souuenir des Pauures dudit Hospital, & d'en faire mentions dans leurs actes, changée & conuertie en quatre liures parisis d'amende contre lesdits Curez, Vicaires, & Notaires contreuenans.

XXXIII.

DONNONS audit Hospital general toutes les maisons, lieux, droits, fonds & reuenus affectez aux Pauures, pour le soulagement d'iceux perceptibles dans nostre-dite Ville & Faux-bourgs, Preuosté & Vicomté de Paris; qui sont à present ou se trouueront cy-aprés abandonnez, vsurpez, ou employez à autre vsage, que celuy de leur Fondation, & mesme ceux qui sont à present ou se trouueront cy-aprés destituez de legitimes Administrateurs, tant de l'vn que de l'autre Sexe, soit de nostre Fondation ou autres.

Dons de tous droits, lieux, *&c.* affectez aux Pauures, abandonnez, vsurpez, *&c.*

Les Directeurs n'ont encore trouué aucuns lieux ny droits de cette nature.

XXXIV.

NOVS declarons suiuant les anciens Reglemens, que toutes les Aumosnes de Fondation, soit en argent, grains, ou autre nature, dont plusieurs communautez seculieres & regulieres, & mesmes les particuliers de nostre-dite Ville & Faux-bourgs, Preuosté & Vicomté de Paris, sont chargez enuers les Pauures, seront & appartiendront audit Hospital general, & vou-

Aumosnes de Fondation, en argent, grains, *&c.* en faueur des Pauures, appartiendront à l'Hospital.

Ny aussi de ceux portez par cét article, sinon à S. Geruais, quelques petites aumosnes aux Pauures qui assistent au Catechisme.

lons qu'en cette qualité elles puissent estre vendiquées par les Directeurs, ou par leur ordre, & appliquées au profit des Pauures.

XXXV.

L'execution de cés article est reserué pour les besoins pressans.

Communautez seculieres, regulieres, corps laïques, fabriques, confreres, corps de mestier, & toutes personnes contribueront.

DAVTANT que ce soin des Pauures regarde toutes sortes de personnes, & que par nos Ordonnances, Reglemens de Police, & anciens Arrests, chacun est obligé de contribuer à la nourriture des Pauures, suiuant ses facultez; Nous voulons & ordonnons, qu'à la reserue seulement de l'Hostel-Dieu, & des Maisons qui en dépendent, de la Direction du grand Bureau; & des quatre Mandians; ensemble des Hospitaux de la Trinité; du sainct Esprit; des Enfans Rouges de Sainte Catherine; & de saint Geruais; Toutes les Communautez seculieres & regulieres de l'vn & de l'autre Sexe, de nostre Ville & Faux-bourgs, Preuosté & Vicomté de Paris, & tous les corps laïques, les fabriques des Eglises, les Chapelles & Confrairies, & autres de cette nature, mesme les corps des Mestiers, & toutes autres personnes contribuent à l'Establissement & subsistance dudit Oeuure, chacun à proportion de ses forces; A quoy faire ils sont inuitez, & à faute de le faire volontairement, seront cottisez selon les anciens Reglemens, par nostre Cour de Parlement, à la requisition de nostre Procureur general, pour selon les Taxes

Taxes faites par le Parlement.

qui feront moderément faites, en faire le recouurement par le Receueur dudit Hospital general, sur les contraintes des Directeurs, qui seront expediées par le Greffier ; lesquelles nous validons dés à present, comme pour lors, & voulons qu'elles sortent leur plain & entier effet, aprés que l'estat en aura esté arresté par nôtre Cour de Parlement ; pour l'execution duquel, voulons que les Directeurs puissent commettre telles personnes qu'ils aduiseront en chacun Quartier, lesquels seront obligez d'en faire la leuée, en leur propre & priué nom.

Contraintes des Directeurs.

L'Arrest de verification porte. Que les Bourgeois seront seulement inuitez de contribuer à l'Establissement & subsistance dudit Oeuure, sans qu'ils puissent estre taxez, sinon en cas de necessité.

XXXVI.

PERMETTONS aux Directeurs toutes Questes, Troncs, Bassins, grandes & petites boëtes en toutes les Eglises, Carrefours & lieux publics de nostre-dite Ville, Faux-bourgs, Preuosté & Vicomté de Paris ; & qu'ils puissent mettre lesdites Boëttes, aux Magazins, Comptoirs & Boutiques des Marchands, aux Hostelleries & lieux des Coches, aux Marchez publics, Halles, & Foires, sur les Ponts, Ports & Passages, & en tous lieux où l'on peut estre excité à faire la charité, mesmes aux occasions des baptesmes, mariages, conuois, enterremens & seruices, & autres de cette qualité.

Permission de faire Questes, d'auoir Trōcs, bassins, boëtes és lieux publics.

Questes aux Baptesmes, mariages, conuois, *&c.*

XXXVII.

Don du quart des aumosnes du grand seau, Baux du Conseil.

L'Hospital ne ioüit pas du quart des aumosnes, du grand & petit Seau.

ACCORDONS audit Hospital le quart des aumosnes, tant du grand & petit Seau, que des Marchez, Baux & Adiudications qui seront faites en nostre Conseil, à commencer de ce iourd'huy, & de celles dont la distribution n'est pas encores actuellement faite.

XXXVIII.

Quart des amendes, delits, vsurpations des Eaux & Forests.

Il n'y a pas dequoy payer les charges dans les comptes qui s'en rendent.

LE quart des amandes ou condemnations d'aumosnes ordonnées pour les delits, maluersations ou vsurpations des Eaux & Forests de France, tant pour le passé, que pour l'aduenir, dont les Directeurs, comme parties, pourront faire les poursuites en nostre Conseil, ou ailleurs.

XXXIX.

Le quart des amendes de Police.

Ces amendes sont domaniales & affermées, au profit du Roy.

LE quart des amendes de Police, & de toutes les marchandises, ou autres choses qui seront declarées acquises & confisquées.

XL.

Le tiers des Lettres de Maistrise.

Il y a Arrest sur vne Declaration qui les abolit.

COMME aussi le tiers de toutes les Lettres de Maistrises, qui sont & seront par nous cy-aprés, & par les Roys nos successeurs, données & registrées en nostre Parlement, soit en faueur de mariage, naissance des Enfans de France, aducnement à la Couronne, ou autre cause singuliere, entendans en ce comprendre celles cy-deuant par nous données, & non encore registrées.

XLI.

Tovs Officiers qui seront receus en nos Compagnies Souueraines establies en nostre Ville de Paris, autres que ceux desdites Compagnies; & aussi ceux qui seront receus dans les sieges & Iurisdictions subalternes, ordinaires & extraordinaires, pareillement establies hors nostre-dite Ville, seront tenus à leur reception, donner quelque somme modique audit Hospital general, dont ils seront obligez de rapporter la quittance auparauant que l'Arrest ou Iugement de leur reception leur soit deliuré, laquelle somme ou taxe sera arbitrée par nosdites Compagnies Souueraines, chacun en ce qui les regarde, & Roolle dressé d'icelles, eu égard à la qualité desdits Officiers. Officiers aumosneront à leur reception.

XLII.

Vovlons aussi que tous Compagnons de Mestiers, lors de leurs Breuets d'apprentissage, & les Maistres lors de leur chef-d'œuure, Experience ou Iurande, soient tenus aussi donner quelque somme modique audit Hospital general; & en rapporter pareillement la quittance auparauant que lesdits Breuet d'Apprentissage, ou Lettre de Maistrise leur soient deliurées, le *Il y a Arrest du Parlement qui ordonne ces taxes non encore executé.* Compagnons & Maistres de mestier aumosneront.

tout selon la Taxe & Roolle qui en sera arresté par nostre Cour de Parlement, à proportion des mestiers, & pourueu par icelle, à l'asseurance du recouurement desdites cottes & contributions.

XLIII.

Inuentaire & vente des biés des Pauures.

PERMETTONS ausdits Directeurs, de faire faire par le Bailly de l'Hospital & Sergens des Pauures, les Inuentaires & vente des biens des Pauures qui decederont, tant audit Hospital, que dehors, aprés auoir esté à l'aumosne d'iceluy pendant vn an.

XLIV.

L'Hospital succede aux Pauures.

DECLARONS appartenir audit Hospital general, à l'exclusion de Collateraux, les biens, meubles desdits Pauures qui decederont, tant audit Hospital que dehors, aprés auoir esté à l'aumosne d'iceluy pendant vn an, sans que les vns ny les autres en puissent disposer par donation entre-vifs, ou Testament, ny faire aucune promesse, obligation ny contracts, que pour cause legitime, & par le consentement des Directeurs: à peine de nullité.

L'Arrest de verification porte.

Et quant aux meubles des Pauures, qui decederont ou dans ledit Hospital, ou hors d'iceluy, aprés auoir esté à l'aumosne d'iceluy pendant vn an, qui seront declarez appartenir audit Hospital, à l'exclusion des Collateraux, que cét article n'aura lieu que pour les meubles qu'ils auront, lors qu'ils auront esté receus à ladite aumosne, & qu'ils auroient acquis dans ledit Hospital, & non pour ceux qui leur pourroient estre escheus d'ailleurs, & seront lesdits Pauures, aprés qu'ils auront acquis, ou leur sera escheu des facultez suffisantes pour viure hors la mandicité, ou qu'ils auront trouué le moyen de gagner leur vie, tenus de se retirer dudit Hospital, pour viure de leur trauail, & du bien qui leur sera suruenu, sans qu'ils puissent mandier, sur les peines de l'Edit.

XLV.

PERMETTONS aux Directeurs de receuoir tous dons, legs, & gratifications vniuersels ou particuliers, soit par Testament, donations, entre-vifs, ou à cause de mort, ou par quelque autre acte que ce soit, & en faire les acceptations, recouurement, ou poursuites necessaires.

Les Directeurs peuuent receuoir tous dons, legs, &c.

XLVI.

PERMETTONS aussi d'acquerir, eschanger, vendre, ou aliener par les Directeurs, tous heritages, tant Fiefs que Rotures, ou franc alleu, auec les droits du Iustice, Iurisdiction, censiues ou autres, en quelque lieu, ou de quelque qualité qu'ils puissent estre, rentes foncieres & constituées acquerir de nostre Domaine, ou de quelque personne que ce soit, & ordonner & disposer de tous les biens, meubles & immeubles dudit Hospital, selon qu'ils iugeront estre à propos, pour le plus grand auantage d'iceluy, & sans qu'ils en soient responsables, ny tenus d'en rendre aucun compte, à quelque personne que ce soit.

Peuuent acquerir vendre & eschanger, &c.

XLVII.

LEVR donnons pouuoir de transiger, compromettre auec peine, composer & accorder de tout ce qui dépend des biens & effets, meubles

Peuuent transiger, compromettre, composer, &c.

ou immeubles dudit Hospital general, & de tous les Procés & differents qui peuuent estre meus, & qui pourroient cy-aprés se mouuoir, sans aucune exception, lesquels compromis nous validons, comme s'ils estoient faits entre maieurs, pour leur propre interest.

XLVIII.

Peuuent acquerir de proche en proche, & prendre à iuste valeur ce qu'on leur refusera.

Faire arcades & voutes, &c.

COMME aussi de prendre des terres de proche en proche, pour la necessité ou commodité dudit Hospital general, en payant par eux la iuste valeur, suiuant l'estimation qui en sera faite, au cas que les Proprietaires voisins fissent refus d'en traiter à l'amiable, mesmes de faire voûtes & arcades au dessus ou au dessous des ruës, ioignantes les maisons & heritages qu'ils ont à present, ou auront cy-aprés.

XLIX.

Colombiers & moulins.

LEVR accordons le droit de faire bastir volets & colombiers à pied, & moulins à vent ou à eau, si besoin est, dans l'estenduë dudit Hospital general, membres & lieux en dependans, sans qu'il y puisse estre donné aucun empeschement.

L.

Augmentation d'eau de Rongis.

ET parce que ledit Hospital general aura besoin de plus grande quantité d'eaux, que celles qui

qui ſont maintenant eſdites maiſons ; Nous leur accordons & concedons le droit de ce qui ſera neceſſaire d'y eſtre augmenté, & voulons que la deliurance leur en ſoit faite, ſoit des Regards, ou du Chaſteau des eaux de Rongis, ou autres lieux, par le Preuoſt des Marchands, ou Eſcheuins de noſtre Ville de Paris, ou par le ſieur Franchine noſtre Intendant des Eaux, ou autre qu'il appartiendra.

LI.

NOVS auons ammorty & ammortiſſons par ces preſentes entant que beſoin ſeroit, les Maiſons & lieux de la Pitié ; du Refuge ; Scipion ; la Sauonnerie ; & Biſſeſtre ; preſentement donnez, & tous les lieux & Domaines qui en dépendent, en quelques lieux & endroits qu'ils puiſſent eſtre ſcituez, & meſme dés à preſent, les autres Maiſons, Places, rentes, & autres immeubles qui ont eſtez, & pourront eſtre donnez, leguez, ou delaiſſez audit Hoſpital general, qui ſeront acquis par les Directeurs à preſent & à l'aduenir, ſans que pour raiſon de ce, ils ſoient tenus nous payer aucun droit d'ammortiſſement, ny meſme payer aucune indemnité, lots & ventes, ny treiziesme, lots ny mylots, quints ny requints, rachapts, ny reliefs, pour ce qui eſt ou ſera en noſtre Domaine, & nonobſtant toutes alienations ou engagemens ; ſans auſſi payer francs-

Ammortiſſement des heritages acquis.

Et à donner, & acquerir.

Remiſe des lots & ventes, quints, treiziéme, &c.

Francs-fiefs, &c.

E

Ban, arriere-ban.

fiefs, ny nouueaux acquests, ban ny arriere-ban, ny autres droits quelconques, qui nous sont ou pourroient estre deubs, dont nous les deschargeons, & entant que besoin est ou se-roit, en auons fait & faisons dés à present, comme pour lors, & deslors comme dés à present, don audit Hospital general, encores que le tout ne soit icy particulierement specifié, ny encore escheu, nonobstant toutes Loix & Ordonnances à ce contraires, ausquelles pour ce regard nous dérogeons.

Descharge & don general de tous droits Royaux.

LII.

Les Seigneurs particuliers seront indemnisez.

SERONT neantmoins tenus les Directeurs, d'indemniser les Seigneurs particuliers des biens par nous ammortis, si aucuns se trouuent mouuans, releuans, ou tenans d'eux, laquelle indemnité pour les particuliers, nous reglons dés à present au dixiesme, tant pour les Fiefs, que pour les Rotures, & sans qu'il puisse estre pretendu homme viuant & mourant, ny aucun droit de quint, rachapt, ny relief, ny aucuns autres droits Seigneuriaux; tant que lesdits fiefs ou rotures appartiendront audit Hospital general, ny mesme pour la premiere mutation qui en seroit faite, nonobstant toutes Loix, Arrests, & Reglemens contraires, à qui nous auons dérogé en faueur dudit Hospital general seulement, & sans tirer à consequence pour quelque

Corps & Communauté, ny pour quelques particuliers que ce puisse estre.

Par l'Arrest de verification, est

Ordonné que les Seigneurs ausquels il sera deub des indemnitez, pour les acquisitions faites en leurs Fiefs ou Censiues par ledit Hospital, ou pour autres dispositions faites en sa faueur, pour lesquelles il leur sera deub des droits d'indemnité, ne pourront estre contraints de quitter leurs droits à moindre prix que celuy qui leur est deub, par les Ordonnances & Coustumes.

LIII.

Permission d'establir toutes manufactures.

PERMETTONS & donnons pouuoir aux Directeurs, de faire faire & fabriquer dans l'estenduë dudit Hospital, & des lieux en dépendans, toutes sortes de manufactures, & les faire vendre & debiter au profit des Pauures d'iceluy.

LIV.

Exemptes d'Ayde, sol pour liure, &c.

LESQVELLES manufactures, nous auons exemptées de payer aucun droit de sol pour liure, anciens ou nouueaux, ny droit d'Aydes, Doüannes, ou autres de quelque nature qu'ils puissent estre, mesmes de toutes visites, conformement aux exemptions de l'Hospital de Lyon.

LV.

Deux Compagnons de chaque mestier, pour l'apprendre aux Enfans.

POVR de plus gratifier & fauoriser l'Establissement & subsistance dudit Hospital general; Voulons que chacun des Corps de mestiers de nostre-dite Ville & Faux-bourgs de Paris, soient tenus de donner, quand ils en seront requis, deux Compagnons, mesmes les Maistresses Lingeres, deux filles, pour apprendre leur mestier aux Enfans dudit Hospital general, selon qu'ils se trouueront plus disposez ; & en ce faisant, lesdits deux Compagnons & filles acquerront la Maistrise en leurs Corps & mestier, & aprés auoir seruy pendant le temps de six ans audit Hospital general, sur les certificats qui en seront deliurez & signez des Directeurs, iusques au nombre de six au moins, auec pouuoir de tenir Boutique, ainsi que les autres Maistres & Maistresses, & sans aucune distinction entre eux.

Lesquels gagneront leurs Maistrises aprés six ans.

LVI.

En cas que ledit Hospital general fut trop surchargé des Enfans, selon l'aduis des Directeurs ; ils seront mis en mestier chez les Maistres, sans pouuoir prendre par eux autre chose que l'obligation, de s'en seruir deux ans, au par-dessus le temps requis, pour les Apprentissages de chacun mestier.

L'Arrest de verification porte. Comme aussi ne pourront estre les Maistres des mestiers cõtraints par lesdits Directeurs, de prendre forcement les Enfans dudit Hospital, sans retribution, mais seront seulement les Iurez des Corps de chacun mestier, incitez de chercher place chez les Maistres de leur vacation pour les Enfans dudit Hospital, aux conditions desdites Lettres.

LVII.

Apoticaires & Chirurgiens pour secourir les Pauures.

Voulons aussi que les corps des Apoticaires & Chirurgiens, donnent chacun deux Compagnons de leurdit corps, capables pour seruir gratuitement audit Hospital, & y assister les Pauures, & les Officiers Domestiques d'iceluy, pour les indiſpoſitions communes des Pauures, & les maladies ordinaires des Officiers & Domeſtiques ; & aprés pareil temps de ſix ans, leſdits Compagnons Apoticaires & Chirurgiens, gagneront pareillement leur Maiſtriſe, ſur les certificats des Directeurs en pareil nombre, & auront meſmes droits & priuileges que tous les autres Maiſtres.

Leur Maiſtriſe aprés ſix ans.

LVIII.

QVE ceux & celles qui auront ſeruy de Maiſtres & Maiſtreſſes d'Eſcolle pendant dix ans dans l'Hoſpital general, auec l'approbation des Directeurs, pourront eſtre Maiſtres & Maiſtreſſes dans la Ville & Faux-bourgs, ſans autre examen, lettres ny permiſſion, que de la certification de leurs ſeruices par les Directeurs.

Maiſtres & Maiſtreſſes d'Eſcolle de l'Hoſpital.

Leur Maiſtriſe.

LIX.

NOVS auons ledit Hoſpital general & les Pauures Enfermez en iceluy affranchis, quittez, exemptez & deſchargez, affranchiſſons, quittons, exemptons, & deſchargeons de tous Subſides, Impoſitions & droits d'Entrée, tant à Paris, qu'ailleurs, par eau & par terre, des Ports, Ponts, peages, octroys de Villes, Barrages, Ponts & paſſages, mis & à mettre, & de toutes autres choſes generalement quelconques, dont il pourroient eſtre tenus pour leurs viures & prouiſions,

Exemptions de Subſides, peages, &c.

Entrée de mil muids de vin.

L'Hospital ne ioüit de ce droit pour le vin qui entre en la maison de S. Denis, dite la Salpetriere, ny de celuy qui est déchargé au Port à Langlois, pour la maison de S. Iean Baptiste, dite Bissestre.

mesmes pour leur vin, iusques à la concurrence de mil muids de vin par chacun an, si tant ils en ont besoin ; que de bois à brusler, & bastir, charbons, foins, cendres, & autres denrées & commoditez necessaires ou vtiles, qui seront portez & conduits dans ledit Hospital general, membres vnis, & lieux qui en dépendent, pour la nourriture, entretenement, secours & assistances desdits Pauures, Officiers, & Domestiques de ladite Maison, sur les certificats des Directeurs, iusques au nombre de six au moins ; quoy qu'il soit dit que les droits seront payez par les priuilegiez, & non priuilegiez, exempts & non exempts ; à quoy pour ce regard, auons dérogé en consideration des Pauures.

LX.

Franc-salé de quatre muids.

Il se consomme dans les 5. maisons de l'Hospital, & aux sept cantons de la Ville, pour les portions des mandians mariez, prés de 8. muids de Sel.

ACCORDONS aussi audit Hospital general, le droit de Franc-salé, pour le Sel necessaire à la prouision d'iceluy, iusques à la concurrence de quatre muids de Sel, par chacun an, si tant ils en ont besoin, à prendre au Grenier de nostre Ville de Paris ; dont nous voulons que le Bail General de nos Gabelles soit deschargé, sans qu'il en soit payé aucune chose que le prix du Marchand, & sans tirer à consequence à l'égard d'autres.

LXI.

ACCORDONS encores audit Hoſpital general, ſix cent cordes de bois, & ſix milliers de cotterets, par chacun an, pour leur chauffage, à prendre dans nos Foreſts de l'Iſle de France, & Normandie, les plus proches, & les plus commodes, ſuiuant la poſſibilité deſdites Foreſts; pour cét effet, en ſera fait eſtat au Conſeil, aprés auoir oüy les Grands-Maiſtres deſdites Eaux & Foreſts, ſans qu'il ſoit pris aucun droit par aucuns Officiers, ny pour les droits des Ports & paſſages comme deſſus.

Chauffage de ſix cent cordes, & ſix milliers de cotterets.

Les Pauures n'en ioüiſſent point.

L'Arreſt de verification porte, que Le chauffage accordé audit Hoſpital, ſera pris ſur les ventes ordinaires des Foreſts, ſans que pour raiſon d'iceluy, les couppes en puiſſent eſtre augmentées.

LXII.

NOVS deſchargeons & declarons auſſi ledit Hoſpital general, & lieux qui en dépendent, & qui en ſeront cy-aprés vnis, exempts de tous droits de guet, gardes, fortifications, boües, pauez, chandelles, canal, fermetures de Ville & Faux-bourgs, & generalement de toutes contributions publiques ou particulieres, telles qu'elles puiſſent eſtre, quoy que non cy exprimez, pour de tous leſdits droits, priuileges & exemptions, ioüir par ledit Hoſpital general, entierement & ſans reſerue: Deffendons tres-expreſſément à tous nos Fermiers, Receueurs, ou autres, d'en prendre ou exiger aucune choſe, à

Deſcharge des charges de Ville.

peine de restitution du quadruple, & de tous dépens, dommages, & interests, tant contre les Commis, ou autres qui les auront receus en leurs propres & priuez noms, que contre les Fermiers ou associez, & leurs cautions conioinctement & separément, au choix des Directeurs.

LXIII.

Exemption de logemens, &c.

Novs auons par ces presentes, exempté & exemptons ledit Hospital general, & lieux qui en dépendent; ensemble les Maisons & Fermes y appartenans, & qui appartiendront cy-aprés, de tous les logemens, passages, aydes, & contributions de gens de guerre, en quelques lieux, & Prouinces qu'ils soient scituez; & pour quelque cause que ce soit, dans les Villes, Bourgs, Villages, & Hameaux, & seruiront lesdites presentes, de sauue-garde particuliere; auec defenses tres-expresses aux Generaux & Lieutenans generaux de nos Armées, Mareschaux de Camps, Mestres de Camps, Capitaines, Lieutenans, & autres Officiers, Commissaires, & Conducteurs des Troupes, & Soldats d'y loger; & aux Maires, Lieutenans, Escheuins, Scindics & autres, de deliurer aucuns logemens, taxes, aydes, ou contributions. Enioignons à nos Gouuerneurs des Prouinces, Villes & Chasteaux, d'y tenir la main, le tout à peine de desobeïssance, d'estre procedé extraordinairement contre les contreuenans,

uenans, & de les rendre solidairement respon-sables en leurs propres & priuez noms, tant de la restitution de ce qui y auroit esté pris, enle-ué, ou receu, que de tous despens, dommages, & interests. Pourquoy nous permettons aux Dire-cteurs d'en faire informer, ou dresser Procés verbaux, & d'en faire les poursuites en tels lieux, & ainsi qu'ils aduiseront ; & afin que personne n'en pretende cause d'ignorance, seront mis sur les Portes desdites Maisons & Fermes, les pa-nonceaux de nos Armes, contenant les sauue-gardes & exemptions, auec les clauses cy-dessus.

LXIV.

Exemption de Tailles aux Fermiers de l'Hospital, quant aux he-ritages qu'ils tiennent de l'Hospital.

FAISONS aussi defenses à tous Habitans, As-seeurs, & Collecteurs des Parroisses, & tous autres, de taxer ou imposer, ny faire taxer, ny imposer aux Roolles des Tailles, Taillon, subsistances, vstanciles, ny autres deniers ordinaires ou extra-ordinaires, soit pour nous, ou pour particuliers, le-uez ou à leuer, de quelque nature qu'ils soient, les Fermiers, sous-fermiers, Receueurs ou Commis dudit Hospital general, Fermes, Maisons, & lieux en dependans ; Mais en cas qu'ils soient contri-buables, ils seront taxez d'office moderément par les Esleus ; & eu esgard à leurs biens, sans y con-siderer les biens & reuenus en tout, ou partie dudit Hospital general, que nous voulons en estre entierement exempts ; à peine d'en répondre par lesdits Asseeurs, Collecteurs, & autres, & mesmes par les principaux Habitans des Parroisses solidairement, en leurs propres & priuez noms, & d'estre contraints par saisies, executions, & vente de leurs biens, meubles & immeubles, & emprisonnement de leurs personnes, à la restitution des deniers, qui auroient esté payez, & de tous despens, dommages, & interests; mesmes en cas de surtaux des taxes, qui auroient esté faites d'office; pourquoy nous permettons aux Directeurs d'interuenir, ou de prendre le faict à cause, & de proceder directement en nostre Cour des Aydes, sans qu'il soit besoin d'interietter aucunes appellations.

LXV.

Salpestriers.

DEFFENDONS à tous Salpestriers, d'entrer dans les Maisons & Fermes dependans dudit Hospital general, pour y cueillir ny chercher du Salpestre: à peine de punition corporelle.

LXVI.

Attribution de Iurisdiction à la grande Chambre,

VOULONS & entendons, que pour la plus grande conseruation des biens, affaires, droits, exemptions, & priuileges dudit Hospital general, tous les Procés & differends concernans iceluy, tant pour les biens & droits, proprietez & reuenus, priuileges ou exemptions, ou execution des presentes, circonstances, & dependances, en demandant, ou en deffendant, mesmes en cas d'interuention où ledit Hospital soit interessé pour matieres personnelles, reelles, ou mixtes, sans exception, soient traittez en premiere instance, tant en la grande Chambre de nostre Parlement, qu'en nostre Cour des Aydes à Paris, selon la qualité desdits Procés & differends; sans qu'ils puissent estre traduits & commencez ailleurs, ny par deuant autres Iuges tels qu'ils soient, encore que ce fust hors l'estenduë & ressort de nosdites Cours; attribuant pour cét effet toutes Cour, Iurisdiction & connoissance à ladite grande Chambre de nostre Parlement, & à nostre-dite Cour des Aydes à Paris, chacun à son égard, & icelle interdisons & deffendons à toutes autres Cours & Iuges.

Et Cour des Aydes.

LXVII.

QVE toutes les expeditions dont ledit Hospital general aura besoin en nos grands & petits Seaux, & en toutes Iustices, & Iurisdictions ordinaires & extraordinaires, luy soient gratuitement deliurées, sans mesme qu'il soit pris aucune chose pour la façon, minutte, parchemin, ny grosse, signatures & scel des actes, quoy que les autres exempts & priuilegez en puissent estre tenus.

Expeditions, Seaux, signatures, parchemin, &c.

Gratuitement.

LXVIII.

Greffiers enuoieront les condamnations d'amende, Gratuitement.

ENIOIGNONS aux Greffiers de toutes les Iustices, & Iurisdictions ordinaires ou extraordinaires de la Ville Faux-bourgs, Preuosté & Vicomté de Paris, d'enuoyer au Bureau les Extraits des Arrests, Iugemens, Sentences, & autres, où il y aura adiudication d'amendes ou aumosnes, ou quelques applications au profit dudit Hospital, ou des Hospitaux, ou des Pauures, & de les deliurer gratuitement : à peine d'en respondre par les refusans ou negligens, en leurs propres & priuez noms, & de tous despens, dommages & interests.

LXIX.

Idem, des Notaires pour les legs & Testamens.

LES Notaires & autres qui auront receu des Testamens, & autres actes où il y aura des legs, en enuoieront pareillement les Extraits au Bureau, sous pareilles peines.

LXX.

Extraits des compromis auec peines.

ILS enuoieront pareillement au Bureau les Extraits des compromis, & des Contrats, où il y aura stipulation de peine, qui pourront estre vendiquez par ledit Hospital general.

LXXI.

Les Directeurs

POVRRONT les Directeurs agir esdits noms,

ou interuenir comme bon leur ſemblera pour la demande, condamnation, & payement des peines qui auront eſté ſtipulées par les compromis, ou autres actes ou expreſſément, ou tacitement au profit dudit Hoſpital, contre ceux qui ſe trouueront y auoir contreuenu, & pour toutes les autres choſes où ledit Hoſpital pourra auoir intereſt, directement ou indirectement.

pourſuiuront les condamnations de peines de compromis.

LXXII.

DEFFENDONS à tous Notaires, Huiſſiers, & Sergens, de faire aucunes ſommations, offres, ſignifications, ny exploits, concernans ledit Hoſpital general, ailleurs qu'au Bureau d'iceluy; auec deffenſes de les faire aux Directeurs en particulier, ny en leurs Maiſons: à peine de nullité.

Sommations offres, &c. ſignifiées au Bureau ſeulement.

Y a Arreſt conforme, du 18. Auril 1657.

LXXIII.

AFIN que les Directeurs ſoient dautant plus obligez au ſoin des Pauures, & de tous les employs que nous leur confions par ces preſentes; Nous voulons qu'eux, & leurs ſucceſſeurs à perpetuité faſſent le Serment en Parlement, & qu'ils y ſoient à cét effet preſentez par noſtre Procureur general.

Directeurs feront ſerment au Parlement.

LXXIV.

POVRRONT les Directeurs s'aſſembler, tou-

Pouuoir de s'aſſembler

en toutes les Maiſons de l'Hoſpital.

tes fois & quantes que bon leur ſemblera ; & qu'ils le trouueront à propos, en la Maiſon de la Pitié au Bureau, qui y eſt maintenant, ou en autres lieux dependans dudit Hoſpital general, pour y propoſer, deliberer, & reſoudre les affaires, ainſi qu'ils aduiſeront.

LXXV.

Et autres dans la Ville.

VOULONS auſſi qu'ils puiſſent auoir vne ou pluſieurs Maiſons dans cette Ville ou Faux-bourgs, en tels lieux qu'ils iugeront plus commodes, pour y tenir leur Bureau & Aſſemblée ordinaire, comme en l'Hoſpital general, & lieux qui en dependent.

LXXVI.

Vn Receueur, vn Greffier, des Huiſſiers.

ILS auront vn Receueur, vn Greffier, des Huiſſiers, ou autres Officiers du Bureau, tels qu'ils iugeront neceſſaires pour le ſeruice, tant au dedans qu'au dehors, leſquels ſeront deſtituables à la volonté des Directeurs.

LXXVII.

Le Receueur fera le ſerment au Parlement.

N'eſt comptable ailleurs qu'au Bureau.

FERA le Receueur à cauſe du maniement, ſerment au Parlement, y eſtant auſſi preſenté par noſtre Procureur general, ſans neantmoins qu'à cauſe de ce ny autrement, il ſoit comptable ailleurs qu'au Bureau ; faiſant defenſes à toutes autres perſonnes qu'aux Directeurs, de prendre connoiſſance des reuenus, comptes & biens, preſens & à venir, & de quelque qualité qu'ils ſoient.

LXXVIII.

Le Greffier fera le ferment au Bureau.

Le Greffier & autres Officiers feront le ſerment au Bureau ſeulement, entre les mains de celuy qui preſidera ; & ſera par chacun d'eux ſatisfait au Reglement attaché aux preſentes.

LXXIX.

Protection & ſauue-garde pour les Directeurs & Receueur.

Nous voulons que les Directeurs ſoient à touſiours, & meſmes leur Receueur, durant le temps de ſa recepte, ou aprés vingt années de ſeruice en noſtre ſpeciale protection, & ſauuegarde ; Et afin qu'ils ne puiſſent eſtre diſtraits d'vn ſeruice ſi important, entendons & nous plaiſt, qu'en cette qualité de Directeurs & de Receueurs ; ils ioüiſſent chacun en particulier du priuilege de Commitimus, du grand Seau en nos Requeſtes de l'Hoſtel, ou du Palais à Paris, à leur choix, & qu'ils y puiſſent faire renuoyer ou euocquer leurs cauſes de tous nos Parlemens, & lieux de noſtre Royaume.

Droit de committimus.

LXXX.

Exemption de tutelle, &c.

Vovlons auſſi qu'ils ſoient exempts de tutele, curatele, guets, fortifications, gardes aux portes, & generalement de toutes taxes de Ville,

L'Arrest de verification porte, que Lesdits Directeurs ne ioüiront de l'exemption de tutele & curatele, guets & gardes, & autres priuileges à eux accordez, que tant & si longuement qu'ils seront Directeurs dudit Hospital; & ne pourront pretendre l'exemption des boües, chandelles, pauures, ny taxes de Ville, pendant mesme leur Administration, si d'ailleurs ils n'en sont exempts.

& autres contributions publiques, de quelque qualité & maniere qu'elles puissent estre, priuilegiées ou non, quoy que non icy exprimées.

LXXXI.

Garde, gardienne au Greffier, Officiers, & Domestiques.

ET pour le regard du Greffier, Officiers, & Domestiques; Nous leur accordons par le mesme motif le priuilege de garde, gardienne, par deuant nostre Preuost de Paris, sans qu'ils puissent estre diuertis ailleurs, soit en demandant, deffendant, ou en cas d'interuention, tant & si longuement qu'ils seruiront audit Hospital, ou aprés vingt ans de seruices.

LXXXII.

Exemption de tutele, *&c.* ausdits Officiers, pendant le temps de leur seruice.

ET que pendant le mesme temps, ils ioüissent aussi de toutes exemptions de tuteles, curateles, guets, fortifications, gardes aux portes, & generalement de toutes contributions publiques.

LXXXIII.

Pouuoir aux Directeurs de faire Reglemens.

POVRRONT les Directeurs, faire tous Reglemens de Police & Statuts, non contraires à ces presentes, & au Reglement attaché sous le contre-sel, pour le gouuernement & direction

dudit

dudit Hoſpital general, tant au dedans d'iceluy, & lieux en dépendans; ſoit pour l'Eſtabliſſement ou ſubſiſtance deſdits Pauures, ou pour les mettre en leur deuoir; qu'au dehors, pour empeſcher leur mandicité publique ou ſecrette, & la continuation de leurs deſordres; leſquels Reglemens & Statuts nous voulons eſtre gardez, obſeruez, & entretenus inuiolablement par tous ceux qu'il appartiendra.

SI DONNONS en mandement à nos amez & feaux Conſeillers les Gens tenans noſtre Cour de Parlement de Paris, Chambre des Comptes, Cour des Aydes, que ces Preſentes ils faſſent lire, enregiſtrer, garder, obſeruer, & entretenir, ſelon leur forme & teneur, à la diligence de noſtre Procureur general; auquel nous enioignons d'y tenir la main. MANDONS à nos amez & feaux Conſeillers, les Preſidens, Treſoriers de France à Paris, de faire pareillement regiſtrer leſdites Lettres,

& de l'ammortissement & exemption de francs-fiefs, & nouueaux acquests, & don des droits à nous deubs, ioüir & vser par ledit Hospital general; cessant, & faisant cesser tous troubles & empeschemens; dérogeant expressement à tout ce qui pourroit estre contraire à ces presentes, & aux derogatoires: CAR tel est nostre plaisir. DONNÉ à Paris au mois d'Auril, l'an de grace mil six cent cinquante-six, & de nostre Regne le treiziesme. Signé, LOVIS, Et plus bas, Par le Roy, DE GVENEGAVD. Et seellé du grand seau de cire verte.

REGLEMENT QVE LE ROY *veut estre obserué pour l'Hospital general, des Enfermez de la Ville & Faux-bourgs de Paris.*

I.

DEFFENSES sont faites à toutes personnes generalement quelconques, de mandier dans la Ville & Faux-bourgs de Paris, ainsi qu'il est porté par les Lettres Patentes de sa Majesté, de ce iourd'huy, & sur les peines y contenuës. Deffenses de mandier.

II.

LES Prestres mandians seront renuoyez en leur Diocese, pour y estre pourueu par leurs Prelats, & par le Clergé. Prestres mandians.

III.

LES mandians qui sont des lieux où les Paures sont Enfermez, ou bien de ceux ausquels il y a, ou doit auoir fonds pour leur subsistance, y seront renuoyez, encores qu'ils soient demeurans dans la Ville & Faux-bourgs de Paris, si mieux ils n'ayment renoncer à la mandicité. Mandians des lieux où il y a enfermement.

IV.

Vagabonds & sans adueu.

Les vagabonds & gens sans adueu seront chassez, suiuant les Ordonnances & Reglemens.

V.

Mandians mariez.

* Les Pauures mandians mariez ne seront admis dans l'Hospital general; mais s'ils ne peuuent gagner leur vie, leur sera donné du fonds de l'Hospital, l'aumosne necessaire, pour leur subsistance, ou pour ayder à icelle, iusques à la concurrence de ce qui leur en pourroit manquer, suiuant l'aduis des Directeurs & Administrateurs dudit Hospital general; auec deffenses ausdits mariez de mandier, sur peine du foüet: & à la charge que ceux & celles qui receuront l'aumosne de l'Hospital, seront tenus s'employer, & appliquer aux choses qui concerneront le seruice, ou profit d'iceluy, selon l'ordre des Directeurs, quand ils le trouueront plus expedient, pour le bien de l'Hospital.

VI.

Lepreux, verolez.

Ne seront receus audit Hospital general, les Pauures mandians affligez de lepre, ou de maladie contagieuse, ou mal venerien; mais seront à la diligence des Directeurs de l'Hospital, renuoyez à ceux qui en doiuent auoir le soin, de sorte qu'ils ne puissent mandier.

VII.

Tovs les autres Pauures mandians, valides & inualides, de quelque âge qu'ils soient, de l'vn & l'autre sexe, qui se trouueront dans la Ville & Faux-bourgs de Paris, lors de l'Establissement de l'Hospital general, qui ne pourront gagner leur vie, seront Enfermez dans ledit Hospital, & lieux qui en dependent, pour estre employez aux œuures publiques, manufactures & seruice dudit Hospital, selon l'ordre des Directeurs.

Tous autres mandians, valides & inualides, seront enfermez.

VIII.

Les femmes mandiantes abandonnées de leurs maris, seront receües audit Hospital.

Mandiantes abandonnées de leurs maris.

IX.

Les mandians aueugles & incurables, seront pareillement receus audit Hospital general, iusques à ce qu'il y ait place, pour les admettre aux Hospitaux des quinze Vingts, & des Incurables, par l'aduis & consentement des Directeurs desdits Hospitaux.

Aueugles, incurables.

X.

Sera donné au passans l'aumosne de passade, sauf leur retraitte aux Hospitaux de sainct Geruais, & Sainte Catherine, durant le temps

Passans.

porté par les Fondations, & sans pouuoir mandier.

XI.

Escroüelles. CEVX qui sont affligez du mal des Escroüelles, pourront (sçauoir les Estrangers durant vn vn mois, & les François durant quinze iours) demeurer en cette Ville & Faux-bourgs de Paris, auparauant les Festes solemnelles, ausquelles le Roy a accoustumé de les toucher; auec defenses de mandier pendant ce temps: à peine d'estre chassez, & seront tenus vuider trois iours aprés la ceremonie accomplie, sur les mesmes peines; leur sera cependant donné l'aumosne du fonds dudit Hospital, s'il est iugé par les Directeurs, qu'ils en ayent besoin pour leur subsistance.

XII.

Portiers des maisons, leurs registres. SERA fait registre par le Portier, ou autre personne preposée par les Directeurs de chacune maison, dependante de l'Hospital general, de tous les Pauures qui y entreront. Auquel Registre seront mis les noms, âges, naissances, conditions & demeure des Pauures.

XIII.

Registres des sortis, & des decedez. SERA aussi fait registre de ceux qui sortiront desdites maisons, ou qui y seront decedez.

XIV.

SERA adiousté foy auſdits Regiſtres, ainſi qu'à ceux des Parroiſſes, ſuiuant les Ordonnances, & aux Extraits ſignez du Greffier, & pour cét effet, ſeront tous les feüillets deſdits Regiſtres paraphez, par deux Directeurs.

Ces Regiſtres feront foy en Iuſtice.

XV.

LES Pauures ne ſortiront de l'Hoſpital, & lieux en dépendans, que par l'ordre des Directeurs, ou de ceux qui ſeront par eux commis.

Pauures ne ſortiront de l'Hoſpital ſans ordre.

XVI.

LES lieux de l'Hoſpital general, & de tous les membres qui en dépendent, ſeront diſtinguez en places ſeparées, ſelon la diuerſité des ſexes, des ſains & des infirmes, du trauail & manufactures.

Pauures ſeparez en diuers lieux.

XVII.

SERONT les heures du leuer & du coucher, des prieres, du trauail, & des repas des Pauures Enfermez, aſſignées par les Directeurs, ou par leur ordre, ſans qu'il y puiſſe eſtre contreuenu par les Pauures.

Heures ſeront reglées.

XVIII.

POVR tenir les Pauures chacun en leur de-

Seront eſtablis

des Maistres & Maistresses des Dortoirs, ausquels les Pauures obeyront.

uoir, pourront les Directeurs choisir les personnes qu'ils iugeront plus capables d'auoir le soin & Direction en chacune Salle ou Dortoir, en qualité de Maistres ou Maistresses, selon le sexe & âge de ceux ou celles qui seront esdites Salles ou Dortoirs; ausquels il est enioint à peine de chastiment, d'obeïr ausdits Maistres ou Maistresses, ou autres subordonnez en leur lieu, & y apporteront les Directeurs telle autre conduite qu'ils iugeront conuenable, pour le bien dudit Hospital, & des Pauures.

XIX.

Les Pauures auront le tiers de leur trauail.

POVR exciter les Pauures Enfermez de trauailler aux manufactures auec plus d'assiduité & d'affection, ceux qui auront atteint l'âge de seize ans en l'vn ou l'autre sexe, auront le tiers du profit de leur trauail, sans qu'il leur soit rien diminué, ny pris aucune chose par les Maistres & Maistresses, qui seront preposez par les Directeurs, ou autres Officiers de l'Hospital, sous peine d'estre chassez, ou telle autre peine que les Directeurs aduiseront; & à l'esgard des deux autres tiers, ils appartiendront à l'Hospital.

XX.

Distribution des habits, nourritures, &c. se fera sans faueur.

LES licts & couuertures, nourritures & habits, ne seront point donnez par faueur & recommandation, ny ostez par aduersion ny hayne;

ne; mais ſeront diſtribuez à tous les Pauures eſgalement, à proportion de leur âge, employ, ſexe, beſoin, ou infirmitez; ſi ce n'eſt par ordre des Directeurs, pour motif de recompenſe ou de correction, ſelon leur prudence.

XXI.

Reſte des tables des maiſons de la ville.

Povrront les Directeurs faire recüeillir le reſte des tables des particuliers, & Communautez de la Ville & Faux-bourgs, pour ayder à la nourriture & ſubſiſtance des Pauures.

XXII.

Les Enfans aux enterremens.

Povrront auſſi les Enfans, & autres Pauures dudit Hoſpital general, aller aux Enterremens dans la Ville & Faux-bourgs, lors qu'ils y ſeront mandez, en tel nombre qu'on en deſirera.

XXIII.

Seront conduits par les Preſtres.

Seront tenus les Preſtres qui deſeruiront audit Hoſpital, y conduire les Enfans, & ſera le droit de retribution ou aſſiſtance receu, par le Receueur de l'Hoſpital.

XXIV.

Seront leſdits Enfans & Pauures dudit Hoſpital, appellez Enfans & Pauures de l'Hoſpital general, & veſtus de robes griſes, auec bonnets gris, & auront chacun sur leurs robes vne marque generale, auec vn chiffre particulier.

XXV.

Salaires aux Officiers.

Qui pourront estre prés des maisons.

Les Directeurs pourront donner tels salaires, gratifications & recompenses qu'ils aduiseront aux Officiers & domestiques, & à ceux qui rendront seruice audit Hospital, sans qu'ils soient obligez de donner autre chose, que ce qui aura esté par eux promis; & s'ils iugeoient à propos de se seruir des Pauures Enfermez, soit hommes, ou femmes, pour Officiers & domestiques; ils pourront leur donner au dedans ou au dehors, tels employs qu'ils aduiseront.

XXVI.

Directeurs ont droit de chastiment.

Povrront les Directeurs ordonner tous les chastimens & peines publiques ou particulieres, dans ledit Hospital general, & lieux qui en dépendent contre les Pauures, en cas de contrauention à l'ordre, qui leur aura esté donné, ou aux choses qui leur auront esté commises, mesmes en cas de desobeïssance, insolence, ou autres scandales; les chasser, auec defenses de mandier, sur peine du foüet pour la premiere fois, & pour la seconde, des Galleres contre les hommes, & de bannissement contre les femmes; & en cas de recidiue, de telle autre peine qu'il sera aduisé.

XXVII.

Les Pauures dudit Hospital lors qu'ils seront malades de maladie formée, seront enuoyez à l'Hostel-Dieu, pour y estre traitez, & aprés leur conualescence, ramenez audit Hospital general, & sera fait mention sur le Registre de leur sortie, & de leur retour.

Pauures de maladie formée, seront enuoyez à l'Hostel-Dieu.

XXVIII.

Il y aura audit Hospital general, vn lieu particulier d'Infirmerie, pour les indispositions communes des Pauures, & vne autre pour les Officiers & domestiques malades dudit Hospital.

L'Infirmerie pour les indispositions cõmunes des Pauures.

Infirmerie pour les Officiers & domestiques.

XXIX.

Les Directeurs s'assembleront au moins deux fois la Semaine, pour deliberer & resoudre sur ce qui se presentera des affaires concernant la Police, ou le bien dudit Hospital general ; seront outre ce tenus de veiller incessamment chacun dans l'employ qu'il luy sera donné par la Compagnie ; à ce que les Pauures & les biens dudit Hospital soient tousiours entretenus, & administrez auec grande circonspection, assiduité & œconomie.

Assemblées des Directeurs.

Et leur soin.

XXX.

Les Directeurs prendront leur rang & scean-

Leur rang au Bureau.

ce dans le Bureau & ailleurs, pour le fait dudit Hoſpital, ſelon l'ordre qu'ils ſont nommez & deſignez par les lettres; & à l'aduenir, ſelon celuy de Reception, ſans aucune diſtinction de qualité.

XXXI.

Regiſtre des deliberations du Bureau.

SERA tenu regiſtre des deliberations de chacune ſceance, par le Greffier du Bureau, & les reſultats ſignez, tant par celuy qui preſidera, que par trois autres plus anciens de ceux qui ſeront preſens; ſans que le Greffier en puiſſe donner extraits ny copies, que par ordre de la Compagnie.

XXXII.

Nombre des Directeurs pour former les deliberations.

AVX affaires communes és iours ordinaires du Bureau, pourront les Directeurs deliberer & reſoudre au nombre de ſept, & aux affaires importantes, de dix au moins, aprés que les preſens & abſens auront eſté conuoquez.

XXXIII.

Forme d'élire vn Directeur.

LORS qu'il y aura vne place vacante par le deceds d'aucuns des Directeurs, l'Huiſſier en aduertira tous les Directeurs, pour au iour du Bureau ſuiuant, propoſer les perſonnes les plus capables pour la remplir, & en la prochaine ſceance, en eſtre fait reduction au nombre de quatre, & au Bureau ſuiuant, eſtre procedé à l'eſlection de l'vn des quatre, par billets ou bulletins ſecrets de ceux qui ſeront preſens ; laquelle eſlection ne pourra eſtre valable, qu'elle ne ſoit aux deux tiers des voix au moins.

XXXIV.

Vn Receueur.

POVRRONT les Directeurs choiſir vn Receueur de l'Hoſpital general, tel que bon leur ſemblera, Bourgeois ou à gages, l'vn & l'autre deſtituable à volonté, & ſans que ledit Receueur pendant le temps de ſon employ, puiſſe eſtre du nombre des Directeurs, ny auoir ſceance ny voix deliberatiue.

XXXV.

Maniere de compter du Receueur.

SERA tenu le Receueur donner vn eſtat de la recepte & dépenſe, toutes & quantes fois qu'il en ſera requis par les Directeurs, dont il ſera obligé de ſuiure entierement les ordres ; de rendre compte au Bureau d'année en année, & lors de la preſentation l'affirmer veritable, en preſtant le ſerment pardeuant celuy qui preſidera.

XXXVI.

N'eſt obligé de faire aucune auance.

NE ſera tenu le Receueur faire aucune aduance de ſes deniers ; mais s'il y auoit manque de fonds pour les choſes neceſſaires audit Hoſpital ; les Adminiſtrateurs pourront faire emprunt à titre & conſtitution de rente ou autrement, & y affecter les biens dudit Hoſpital.

Les Directeurs peuuent emprunter.

XXXVII.

Le Greffier & sa charge.

POVRRONT aussi les Directeurs choisir vn Greffier, qui aura vne place separée pour escrire les deliberations, sans qu'il puisse estre du nombre des Directeurs, ny auoir sceance, ny voix deliberatiue pendant son employ, & sera tenu d'obeïr aux ordres des Directeurs.

XXXVIII.

Le Bailly & ses Archers.

SERONT tenus le Bailly de l'Hospital, Sergens des Pauures, & autres Officiers, se trouuer au Bureau des Directeurs, quand ils seront mandez, & à eux enioint d'executer tout ce qui leur sera ordonné par les Directeurs.

XXXIX.

Employs & Commissions des Directeurs entr'eux.

POVR plus grande facilité de la Direction, soulagement des Directeurs, & bien des Pauures, les employs & Commissions de l'Hospital, seront partagez & distribuez à chacun des Directeurs; selon qu'il sera estimé plus conuenable à leurs talens, dont ils tascheront de s'acquitter auec soin & diligence, pour en rendre compte à chacune sceance. DONNE' à Paris le vingt-septiesme iour d'Auril, mil six cent cinquante-six. Signé, LOVIS, & plus bas, Par le Roy, DE GVENEGAVD.

LETTRE DV ROY, aux Directeurs & Administrateurs perpetuels de l'Hospital general des Pauures, *Du 4. May 1656.*

DE PAR LE ROY.

NOS *amez & feaux, la closture des Pauures mendians de nostre bonne ville & faux-bourgs de Paris, ayant esté iugée par Nous absolument necessaire, pour la gloire de Dieu, & de la Religion Catholique, pour leur soulagement dans leurs besoins & necessitez, & pour la consolation des ames deuotes & charitables, qui ont esté scandalisées, auec beaucoup de raison, du libertinage, de la mandicité, & de l'oisiueté des Pauures: Nous auons par nos Lettres Patentes du present mois, adressantes à nostre Cour de Parlement, ordonné que lesdits Pauures mandians de l'vn & l'autre sexe, valides & inualides, de nostredite Ville & Faux-* Du 4. May 1656.

bourgs, seront enfermez dans vne ou plusieurs maisons, sous le titre d'Hospital general, duquel nous vous auons nommé & estably Directeurs & Administrateurs perpetuels, pour en vser, disposer, & ordonner conformément à ce qui est porté par nosdites Lettres, & au Reglement attaché soubs nostre contreseel; nous estant promis de vostre pieté, & de vostre zele & affection au bien de nostre seruice, & du public, que vous vous y employerez vigoureusement, & n'obmettrez rien de ce qui doit contribuer à l'accomplissement d'vn si sainct œuure, & de nostre volonté & intention sur ce suiet; & que Nous & le public retirerons bien-tost de vostre entremise & application audit faict, les fruicts qui en sont si impatiemment attendus par les gens de bien: Ce que nous vous ordonnons & enioignons par cette Lettre, toutes choses cessantes & postposées; & qu'en attendant la verification & enregistrement de nosdites Lettres Patentes & Reglement en nostredite Cour de Parlement, vous ayez à vous assembler en tel lieu, & aux iours & heures que vous trouuerez à propos, pour conferer entre vous sur l'execution desdites Lettres

Paten-

Patentes & Reglement de poinct en poinct, ſelon leur forme & teneur, entrer en icelle, l'auancer & faciliter ſelon le pouuoir & authorité qui vous eſt donnée, preparer, diſpoſer, diriger, & ordonner de toutes les choſes requiſes & neceſſaires pour y paruenir; en ſorte qu'il n'y ſoit apporté aucun dilayement, & que nous receuions la ſatisfaction de voir inceſſamment les premiers effects de voſtre direction & adminiſtration; Si n'y faites faute: CAR *tel eſt noſtre plaiſir.* DONNE' *à Paris le quatrieſme iour de May mil ſix cent cinquante-ſix. Signé,* LOVIS. *& plus bas,* DE GVENEGAVD.

Arreſt de la Cour de Parlement, par lequel les Lettres Patentes en forme d'Edict, données le 27. Auril 1656. ont eſté leuës, publiées, & regiſtrées le premier Septembre 1656. audit Parlement.

Extraict des Regiſtres de Parlement.

VEV par la Cour les Lettres Patentes en forme d'Edict, données à Paris le 27. Auril 1656. ſignées LOVIS, & plus bas, Par le Roy,

DE GVENEGAVD, & ſcellées du grand Seau de cire verte, par leſquelles ,& pour les cauſes y contenuës, ledit Seigneur Roy auroit ordonné, que les Pauures mandians valides & inualides, de l'vn & l'autre ſexe, de cette ville & faux-bourgs de Paris, ſeroient enfermez dans vn Hoſpital general, pour eſtre employez, ſelon leur pouuoir, aux ouurages, manufactures, & autres trauaux, ſoubs la direction & conduite des Directeurs, par ledit Seigneur choiſis & nommez; & conformément au Reglement attaché ſoubs le contreſeel deſdites Lettres, ainſi que plus au long eſt porté par icelles: Conclusions du Procureur general du Roy. Ladite Cour, ayant eſgard aux concluſions dudit Procureur general, a ordonné & ordonne, que leſdites Lettres ſeront leuës, publiées, & regiſtrées, pour eſtre executées ſelon leur forme & teneur; & copies collationnées à l'original enuoyées aux Bailliages & Seneſchauſſées de ce reſſort, pour y eſtre pareillement leuës, publiées, & regiſtrées, à la diligence des Subſtituts dudit Procureur general, qui ſeront tenus certifier la Cour, auoir ce fait, au mois; ſans neantmoins que les Directeurs nommez par icelles puiſſent prendre aucune Cour, ny iuriſdiction ſur autres que les Pauures enfermez dans ledit Hoſpital general, & ſur les autres Pauures qui ſeront trouuez au dehors contreuenans aux defenſes portées par leſdites Lettres, & par ledit Reglement, & ce par formè de chaſtiment & correction ſeulement, & à la charge que où il y aura lieu d'ordonner des peines afflictiues qui deuſſent eſtre executées au dehors dudit Hoſpital, leſdits Directeurs ſeront tenus les faire iuger par le Lieutenant Criminel, & Officiers du Chaſtelet, & autres Iuges qui en doiuent cognoiſtre; ce qui ſera fait ſommairement & ſans fraiz: Et à la charge que les Preſtres qui ſeront nommez par leſdits Directeurs, & admis pour l'adminiſtration des Sacremens & Seruice dudit Hoſpital general, ſeront tenus pour la validité des Teſtamens qu'ils pourront receuoir, appeller auec eux lors de la reception deſdits Teſtamens, le nombre de teſmoins requis par la Couſtume de Paris: Comme auſſi ſera la peine de nullité portée par leſdites Lettres, contre les Curez, Vicaires, & Notaires qui auront manqué d'aduertir les Teſtateurs, de ſe ſouuenir des Pauures dudit Hoſpital, & d'en faire mention dans leurs actes, changée & conuertie en quatre liures pariſis d'amende contre leſdits Curez, Vicaires, & Notaires contreuenans. Que les Bourgeois ſeront ſeulement inuitez de contribuer à l'eſtabliſſement & ſubſiſtance dudit œuure, ſans qu'ils puiſſent eſtre taxez, ſinon en cas de neceſſité: Et quant aux meubles des Pauures qui decederont, ou dans ledit Hoſpital, ou hors d'iceluy, aprés auoir eſté à l'aumoſne d'iceluy pendant vn an, qui ſont declarées appartenir audit Hoſpital, à l'excluſion des collateraux; que cét article n'aura lieu que pour les meubles qu'ils auoient lors qu'ils ont eſté receus à ladite aumoſne, & qu'ils auroient acquis dans ledit Hoſpital, & non pour ceux qui leur pourroient eſtre eſcheus d'ailleurs : Et feront leſdits Pauures, aprés qu'ils auront acquis, ou leur ſera eſcheu des facultez ſuffiſantes pour viure hors la mendicité, ou qu'ils auront treuué le moyen de gagner leur vie, tenus de ſe retirer dudit Hoſpital, pour viure de leur trauail, & du bien qui leur ſera ſuruenu, ſans qu'ils puiſſent mandier, ſur les peines de l'Edict. Ordonne que les Seigneurs auſquels il ſera deub des indemnitez pour les acquiſitions faites en leurs fiefs ou cenſiues par ledit Hoſpital, ou pour autres diſpoſitions faites en ſa faueur, pour leſquels il leur ſera deub des droicts d'indemnité, ne pourront eſtre contraints de quitter leurs droicts à moindre prix, que celuy qui leur eſt deub par les Ordonnances & Couſtumes. Comme auſſi ne pourront eſtre les Maiſtres des Meſtiers contraints par leſdits Directeurs de prendre forcément les enfans dudit Hoſpital, ſans retribution ; mais ſeront ſeulement les Iurez des Corps de chacun Meſtier, inuitez de chercher place chez les Maiſtres de leur vacation, pour les enfans dudit Hoſpital, aux conditions deſdites Lettres. Le chauffage accordé audit Hofpital, fera pris fur les ventes ordinaires des forefts, fans que pour raifon d'iceluy, les coupes en puiffent eftre augmentées. Lefdits Directeurs ne ioüyront de l'exemption de tutelles & curatelles, guets & gardes, & autres priuileges à eux accordez, que tant & fi longuement qu'ils feront Directeurs dudit Hofpital, & ne pourront pretendre l'exemption des bouës, chandelles, pauures, ny taxe de Ville, pendant mefme leur adminiftration, fi d'ailleurs ils n'en font exemptez. Fait en Parlement le premier iour de Septembre 1650. Signé, DV TILLET. & à cofté, *Nihil. Pro Deo.*

Arreft de la Cour de Parlement, du 12. Ianuier 1657. par lequel le Roolle arrefté par les Officiers qui feront receus, fera executé, & la taxe payée fuiuant iceluy, pour les Pauures de l'Hofpital general.

Extraict des Regiftres de Parlement.

SVR la remonftrance faite par le Procureur general du Roy, que par Lettres Patentes du mois d'Auril 1656. pour l'eftabliffement de l'Hofpital general, verifiées & regiftrées par Arreft du premier Septembre, leuës & publiées en l'Audience de la Cour, le 4. Septembre ensuiuant, il est porté entre autres choses, que tous les Officiers qui seront receus aux Compagnies Souueraines establies à Paris, autres que ceux desdites Compagnies; & aussi ceux qui seront receus dans les Sieges & Iurisdictions subalternes, ordinaires & extraordinaires, pareillement establies en ladite Ville, seront tenus à leurs Receptions donner quelques sommes modicques audit Hospital general, dont ils seront obligez de rapporter la quittance, auparauant que l'Arrest ou Iugement de leur Reception soit deliuré; laquelle somme ou taxe sera arbitrée par lesdites Compagnies Souueraines, chacun en ce qui les regarde, és Roolles dressez d'icelles, eu esgard à la qualité desdits Officiers. VEV lesdites Lettres & Arrests de verification: LA COVR a ordonné & ordonne, que le Roolle par elle arresté, pour les Officiers qui seront receus en icelle, sera executé selon sa forme & teneur; que chacun des Officiers y nommé, payera pour sa reception la somme à laquelle il a esté taxé: Enioint aux Officiers des Iurisdictions establies dans Paris, ressortissans en la Cour, de faire pareil Roolle pour la taxe de ceux qui seront par eux receus; que le payement en sera fait soubs la quittance du Receueur dudit Hospital general: Fait ladite Cour deffenses aux Greffiers d'icelle, & à tous autres Greffiers des Sieges de la ville de Paris y reſſortiſſans, de deliurer aucune Matricule, Arreſt, ou Iugement de Reception, que la quittance du Receueur de l'Hoſpital general ne leur ſoit prealablement miſe entre les mains ; à peine d'en reſpondre en leurs propres & priuez noms, de nullitez deſdites Matricules & Reception, duquel Roolle la teneur enſuit.

Taxé, arreſté par la Cour, en execution de la Declaration du Roy, du mois d'Auril 1656. verifiée & regiſtrée en ladite Cour, le premier Septembre, leuë & publiée en l'Audience, le 4. Decembre audit an, pour la reception des Officiers, en faueur de l'Hoſpital general : Le Bailly du Palais, le Preuoſt de Paris, chacun Bailly & chacun Seneſchal *trente liures ;* vn Preſident Preſidial, & Lieutenant general *vingt-cinq liures* ; vn Lieutenant Criminel, Lieutenant Particulier, Aſſeſſeur, & Subſtitud dudit Procureur general, tant en la Cour qu'aux Sieges particuliers, & vn Preuoſt Royal, & vn Lieutenant de la Preuoſté, *vingt liures* ; vn Conſeiller du Preſidial, & vn Aduocat du Roy *quinze liures* ; vn Conſeiller & Aduocat du Roy en chacune Preuoſté, ou autre Siege Royal *douze liures* ; vn Aduocat, vn Procureur, & vn Huiſſier de la Cour *dix liures*. Fait en Parlement le 22. Ianuier 1657. Signé, GVYET.

De l'Edict du Roy, du mois d'Auril 1656. verifié au Parlement le 5. Septembre audit an, portant establissement de l'Hospital general en cette ville de Paris, a esté extrait ce qui ensuit.

VOVLONS aussi que tous Compagnons de Mestier, lors de leur Breuet d'apprentissage, & les Maistres lors de leur Chef-d'œuure, Experience, ou Iurande, soient tenus aussi donner quelque somme modicque audit Hospital general, & en rapporter pareillement la quittance auparauant que lesdits Breuets d'apprentissage ou Lettres de Maistrises leur en soient deliurez, le tout selon la Taxe & Roolle qui en sera arresté par nostredite Cour de Parlement, à proportion des Mestiers, & pourueu par icelle à l'asseurance & recouurement desdites cottes & contributions.

Extraict & collationné aux Originaux par moy Conseiller Secretaire du Roy, & de ses Finances.

Signé, DE LA PLACE.

Arrest

Arrest de la Cour de Parlement, du 27. Mars 1657. contre Marie Boisdin, par lequel defenses luy sont faites de se qualifier Directrice du pretendu Hospital des Escroüellez, &c. 27. Mars 1657.

Extraict des Registres de Parlement.

SVR ce qui a esté remonstré à la Cour par le Procureur general, qu'encores que par la Declaration du Roy verifiée en icelle, concernant l'establissement d'vn Hospital general, pour le renfermement des Pauures mandians de la ville & faux-bourgs de Paris, il ait esté pourueu, à ce que les Pauures mandians, de toutes qualitez, y soient receus, logez, nourris, & entretenus, & qu'il y ait mesme vn article exprés en la Declaration, pour les Pauures mandians affligez des escroüelles, qui y doiuent estre accueillis comme les autres, & logez dans des lieux separez, pour empescher qu'ils ne communiquent leur mal aux autres ; & que par les soins & diligence des Directeurs nommez par le Roy, pour la conduite & administration dudit Hospital, toutes les choses soient disposées pour faire le renfermement general incontinent aprés les Festes : Neantmoins il a eu aduis qu'vne femme nommée Marie Boisdin, dite la Picarde, qui pretend auoir eu autresfois le mal des escroüelles, & en est guerie, il y a plus de dix ans; aprés auoir cherché retraite en plusieurs Monasteres de Filles, où elle n'a peu demeurer; se veut ingerer de son authorité, quoy que paure & sans aucuns biens, d'establir vn Hospital en cette Ville, dont elle se qualifie Directrice, & y receuoir les pauures enfans orphelins affligez de cette maladie, pour procurer leur guerison, les nourrir, instruire, & apprendre à gagner leur vie: Et dans ce dessein, aprés auoir tenté inutilement de s'establir en diuers quartiers de la Ville & Faux-bourgs, dont elle a esté chassée par les voisins, a enfin trouué vne maison dans la ruë Sainct Honoré, proche l'Eglise de Sainct Roch, où elle veut s'establir à la prochaine feste de Pasques, en mettant vne Croix & des Troncs deuant sa porte. Et pource que cette entreprise, qui ne peut auoir pour motif qu'vn interest particulier, est vn abus qui va à seduire & tromper le simple peuple, & exiger sous ce pretexte, des charitez & aumosnes, qui n'auront qu'vne mauuaise application; & que d'ailleurs, aucun establissement d'Hospital ne se peut faire en cette Ville & Faux-bourgs, ny ailleurs, que par Lettres Patentes verifiées en la Cour, auec connoissance de cause; & que celuy proietté inconsiderément par cette femme est inutile, puis que par l'establissement de l'Hospital general il a esté pourueu aux Pauures mandians affligez des escroüelles: REQVIERT que tres-expresses inhibitions & deffenses soient faites à ladite Boisdin, de se dire & qualifier Directrice dudit pretendu Hospital des Escroüellez, de faire mettre à la porte de la maison où elle demeure, ny ailleurs, aucune Croix ou inscription, ny d'exposer aucuns Troncs à la porte de sadite maison, ny en aucune des Parroisses ou Eglises de cette Ville & Faux-bourgs, sous les peines portées par les Ordonnances. LA COVR a fait & fait tres-expresses inhibitions & deffenses à ladite Boisdin de se dire & qualifier Directrice dudit pretendu Hospital des Escroüellez, de faire mettre à la porte de la maison où elle demeure, ou ailleurs, aucune Croix ou inscription, ny d'exposer aucuns Troncs auec escriteau ou autrement, à la porte de sadite maison, ny en aucune des Parroisses, Eglises, ou Monasteres de cette Ville & Faux-bourgs, sous les peines portées par les Ordonnances, & autres arbitraires. FAIT en Parlement le vingt-septiesme Mars mil six cent cinquante-sept. Signé, GVYET.

Leu & publié à son de Trompe & cry public par les Carrefours ordinaires & extraordinaires de cette Ville & faux bourgs de Paris, par moy Charles Cantò Iuré Crieur du Roy en ladite Ville, Preuosté & Vi-

comté de Paris, accompagné de Iean du Bos, Iacques le Frain Iurez Trompettes, & de Claude Iens Commis d'Estienne Chappé, Trompette, le vingt-huictiesme iour de Mars mil six cent cinquante-sept, & ledit iour affiché. Signé, CANTO.

---

8. Auril 1657. *Ordonnance du Roy portant commandement à tous Soldats estropiez, mandians à Paris, de se transporter deuant le sieur le Grain Lieutenant Criminel de robe courte, pour estre enroollez, & estre pourueu à leur enuoy aux Places frontieres, & à leur subsistance en icelles.* Du 8. Auril 1657.

DE PAR LE ROY.

SA MAIESTE' ayant par son Ordonnance du deuxiesme Nouembre 1655. ordonné à tous Soldats estropiez, mandians estans en sa bonne ville de Paris, & faux-bourgs d'icelle, de se transporter pardeuant le sieur le Grain Lieutenant Criminel de robe courte, pour estre dressé vn roole d'iceux, & sur iceluy estre pourueu à leur subsistance : Et en consequence de ce, sa Maiesté ayant par son Ordonnance du 28. Nouembre ensuiuant, departy & ordonné en ses Places frontieres les Soldats estropiez, dénommez au roolle qui en auoit esté dressé par ledit sieur le

Grain, & pourueu à leur ſubſiſtance aux Places où ils auoient ordre d'aller, enſemble aux fraiz de leur voyage; tous leſdits Soldats ſe ſeroient rendus auſdites Places, & y auroient eſté entretenus pendant pluſieurs mois: Mais au moyen des grandes depenſes & beaucoup plus vrgentes de la guerre qu'il conuient faire ſur les frontieres, & au dehors du Royaume, pour la conſeruation & deffenſe d'iceluy, le fonds de ladite ſubſiſtance n'ayant pas eſté continué en deniers comptans, leſdits Soldats eſtropiez ſeroient retournez en ladite ville & faux-bourgs de Paris, où ils mandient comme auparauant. A quoy ſa Maieſté voulant pouruoir, & empeſcher le mauuais exemple que donneroient leſdits Soldats eſtropiez, s'ils continuoient à mandier, dans vn temps auquel ſa Maieſté fonde & inſtituë vn Hoſpital, pour y faire enfermer tous les Mandians qui ſe trouueront en ladite ville & faux-bourgs de Paris, les y faire nourrir & entretenir, les occuper & faire trauailler, les inſtruire, & regler leur vie; en ſorte que le public, au lieu de l'incommodité & du ſcandale qu'il en reçoit, en ſoit edifié, & ſe porte à aider à vn ſi pieux & vtile eſtabliſſement. Conſiderant auſſi que dans ledit Hoſpital, les Soldats eſtropiez ne pourroient faire aucune fonction vtile, & qu'au contraire, il ſeroit difficile de les diſcipliner; que meſmes ils pourront eſtre vtiles à ſon ſeruice és

Places frontieres : SA MAIESTÉ a resolu de les y renuoyer, pour y estre entretenus continuellement, y faire faction de Soldat, & rendre le seruice dont ils sont capables, ainsi qu'il leur sera ordonné par les Gouuerneurs d'icelles, ou par ceux qui y commandent en leur absence. POVR cette fin sa Maiesté ordonne & enioint tres-expressément à tous Soldats estropiez mandians en ladite ville & faux-bourgs de Paris, de se transporter dans vingt-quatre heures aprés la publication de la Presente, pardeuers ledit sieur le Grain, pour estre par luy dressé vn roolle de leurs noms, surnoms, noms de guerre, ensemble des troupes & occasions où ils ont seruy, & ont esté estropiez, pour sur iceluy estre pourueu à leur departement & enuoy esdites Places frontieres; ensemble aux fraiz de leur voyage, & subsistance lors qu'ils y seront arriuez, dont le fonds sera fait par auance. MANDE & ordonne sa Maiesté au Preuost de Paris, ou son Lieutenant Ciuil, de faire publier & afficher la Presente incontinent & sans delay, aux carrefours & places publiques de ladite Ville & Faux-bourgs, & par tout ailleurs où besoin sera, à ce qu'aucun n'en pretende cause d'ignorance. FAIT à Paris le huictiesme Auril mil six cent cinquante-sept. Signé, LOVIS : Et plus bas, LE TELLIER.

Il est enioint au Iuré Crieur de publier la presente Ordonnance, & de nous en certifier dans demain. Fait ce 15. Auril 1657. Signé, DAUBRAY.

Le Lundy seiziesme iour d'Auril mil six cent cinquante-sept, l'Ordonnance cy-dessus a esté leuë & publiée à son de Trompe & cry public par les Carrefours & lieux accoustumez de cette ville & faux-bourgs de Paris, par moy Charles Canto *Iuré Crieur ordinaire du Roy en la Ville, Preuosté, & Vicomté de Paris : A ce faire i'estois accompagné de Iean du Bos, Iacques le Frain, & Estienne* Chappé *Iurez Trompettes esdits lieux; & affichée ledit iour.* Signé, CANTO.

Arrest de la Cour de Parlement du 12. Auril 1657. faisant defenses à toutes personnes d'imprimer, vendre, ny debiter aucune chose concernant l'Hospital general.

Du 8. Auril 1657.

DE PAR LE ROY.

Extraict des Registres de Parlement.

SVR la remonstrance faite par le Procureur general du Roy, qu'encore que l'establissement de l'Hospital general des Pauures soit tres-auantageux à l'Eglise & au Public, & mesmes aux Pauures, qui par ce moyen seront asseurez des moyens de leur instruction au salut, & de leur logement, nourriture, & subsistance; neantmoins comme il n'y a point de bons desseins qui ne soient trauersez, quelques particuliers prennent de là occasion d'exciter des mouuemens dans les esprits, soit afin d'empescher, diuertir ou retarder vne si saincte entreprise, soit afin de se seruir de ce pretexte en autre chose; que sans aucune permission ny ordre, ont fait publier dans la ville & faux-bourgs de Paris vn Arrest, qui fut donné en mil six cent dix-huit: LA COVR a fait inhibitions & deffenses à toutes personnes d'imprimer, vendre, ny debiter aucune chose concernant ledit Hospital general, directement ny indirectement, s'il n'y en a ordre par escrit, signé au moins de deux des Directeurs dudit Hospital, à peine d'estre procedé criminellement contre toutes sortes de personnes, & d'estre punis comme perturbateurs du repos public. FAIT en Parlement le douziesme iour d'Auril, mil six cent cinquante-sept. Signé, GVYET.

Arrest de la Cour de Parlement, pour l'establissement de l'Hospital general des Pauures mandians. Du 18. Auril 1657. Du 18. Auril 1657.

Extraict des Registres de Parlement.

SVR les remonstrances faites à la Cour par le Procureur general du Roy, que par l'Edict du mois d'Auril 1656. & le Reglement y attaché, verifiez en ladite Cour le premier Septembre, leus & publiez l'Audience tenant, le quatriesme Decembre ensuiuant : tous les moyens possibles ont esté apportez, pour oster par motifs de Religion, de Charité, & de Police, dans la ville & faux-bourgs de Paris, la mandicité & l'oisiueté des Pauures; que par les Directeurs de l'Hospital general y estably, il a esté suiuant les ordres du Roy trauaillé à ce qui estoit necessaire pour l'execution desdites Lettres & Reglemens. Veu les Arrests des quinziesme Septembre 1612. troisiesme Auril 1618. & dixiesme Feurier 1626.

I. La Covr, en consequence desdites Lettres & Reglement du mois d'Auril 1656. & Arrest de verification du premier Septembre, enioint à tous les Pauures mandians valides & inualides, de quelque âge qu'ils soient, de l'vn & l'autre sexe, de se rendre depuis le Lundy septiesme iour de May prochain, huit heures du matin, iusques au treiziesme dudit mois inclus, dans la cour de l'Hospital de Nostre-Dame de la Pitié, au faux-bourg Sainct Victor; pour estre par les Directeurs enuoyez & departis aux Maisons dépendantes dudit Hospital general, ausquelles ils y seront logez, nourris, entretenus, instruits, & employez aux ouurages, manufactures, & seruice dudit Hospital general, selon qu'il leur sera ordonné.

II. Fait la Cour tres-expresses inhibitions & defenses aux Pauures, & à toutes autres personnes, de s'attrouper, faire aucune insolence, ny scandale, soit dehors ou dedans ledit Hospital general, de s'opposer par quelque voye que ce soit à l'establissement d'iceluy, & aux ordres qui seront donnez; à peine d'estre procedé criminellement contre eux, & punis comme perturbateurs du repos public.

III. Que les Pauures mandians, qui ne se seront point volontairement rendus depuis le Lundy septiesme May iusques au treiziesme dudit mois inclus, dans la Maison de la Pitié, y seront contraints & conduits par le Baillif & Archers de l'Hospital general, & autres Officiers de Police, à commencer du Lundy quatorziesme May.

IV. Aprés lequel iour, & à l'auenir, tres-expresses inhibitions & defenses sont faites à toutes personnes de tout sexe, lieux, & âges, de quelque qualité, & en quelque estat qu'ils puissent estre, valides ou inualides, malades ou conualescens, curables ou incurables, de mandier dans la ville & faux-bourgs de Paris, dans les Eglises, ny aux portes d'icelles, aux portes des maisons, ou dans les ruës, ny ailleurs, publiquement ou en secret, de iour ou de nuict, sans aucune exception de Festes solemnelles, Pardons, ou Iubilez, ny d'Assemblées, Foires, ou Marchez, ny pour quelque autre cause ou pretexte que ce soit, à peine du foüet contre les contreuenans, pour la premiere fois; & pour la seconde, des galeres contre les hommes & garçons, & du bannissement contre les femmes & filles.

V. Defenses sont faites à toutes personnes de quelques qualitez & conditions qu'elles soient, de donner l'aumosne manuellement aux Pauures mandians dans les ruës, ny dans les Eglises ou aux portes d'icelles, ou autres lieux cy-dessus, sous tel pretexte que ce soit, à peine de quatre liures parisis d'amende, payable sans deport; à quoy les contreuenans seront contraints, conformément aux Lettres, & à l'Arrest de verification.

VI. Enioint aux Locataires & Proprietaires, & leurs domestiques, & autres, d'enfermer les Pauures qui iront mandier dans les maisons, soubs quelque pretexte que ce soit, & les retenir iusques à ce que les Directeurs, ou leurs Officiers, ou autres de Police, en ſoient aduertis, pour leur impoſer les peines portées par l'Edict, ſuiuant l'exigence des cas.

VII. Seront ſeulement exceptez des defenſes cy-deſſus, les queſtes pour l'Hoſtel-Dieu, & lieux qui en dépendent; celles pour le grand Bureau des Pauures, & lieux auſſi qui en dépendent; les Aueugles de l'Hoſpital des Quinze-Vingts, les Enfans des Hoſpitaux de la Trinité, du Sainct Eſprit, & des Enfans Rouges; les Religieux Mandians, & autres qui ont droict de troncs ou de queſtes, aux termes portez par leſdites Lettres, qui ſont de ſe tenir à leurs troncs, ou aux portes, à peine d'en eſtre décheus, les defendant generalement à tous autres.

VIII. Que conformément auſdites Lettres, & à l'Arreſt du premier Septembre, les Directeurs dudit Hoſpital general auront le pouuoir & authorité de direction & adminiſtration, connoiſſance, iuriſdiction, police, correction, & chaſtiment ſur tous les Pauures mandians de la ville & faux-bourgs de Paris, tant dedans que dehors ledit Hoſpital general, excluſiuement, priuatiuement, & indépendemment de la direction du grand Bureau.

IX. Enioint au Baillif dudit Hoſpital general, & autres Officiers qui ſeront commis par leſdits Directeurs, de faire exacte perquiſition chacun iour auec les Archers dudit Hoſpital, pour empeſcher toutes ſortes de mandians par les ruës, & ponctuellement executer le contenu aux Lettres & au Reglement, à peine d'eſtre chaſſez & punis; ſans qu'ils puiſſent prendre aucune choſe des Pauures, ny autres, ny les fauoriſer ou ſouffrir, ny auſſi les mal-traiter, ſur peine de punition corporelle.

X. Pourront les Directeurs auoir dans la Ville & Faux-bourgs telles maiſons & lieux que bon leur ſemblera, pour la garde des Pauures, iuſques à ce qu'il en ait eſté par eux ordonné, pour les admettre en l'Hoſpital general, ou pour les conduire ou enuoyer en d'autres lieux, ſelon les Lettres & le Reglement.

XI. Defenſes ſont faites aux Proprietaires & Locataires des maiſons, & à tous autres, de loger, retirer, ny retenir chez eux, aprés ledit iour treizieſme May prochain, les Pauures qui ſont ou ſeroient mandians; à peine de cent liures d'amende pour la premiere fois, de trois cent liures pour la ſeconde, & de plus grande, en cas de recidiue; le tout applicable au profit des Pauures dudit Hoſpital general; pour raiſon dequoy les Proprietaires, Locataires, & autres, pourront eſtre contraints par ſaiſie de leurs biens, & emprisonnement de leurs perſonnes, conformément auſdites Lettres.

XII. Enioint aux Directeurs de faire ſaiſir les lits, matelas, couuertures, & paillaſſes, dans lesquels auront esté couchez les Pauures chez les particuliers qui leur auront donné retraite aprés ledit iour treiziesme May : Que le tout, sans aucune formalité de Iustice, sera enleué, & appliqué au profit des Pauures dudit Hospital general, sans esperance de restitution.

XIII. Defenses aux Soldats des Gardes, mesme aux Bourgeois de la Ville & Faux-bourgs, & à toutes personnes de quelque qualité & condition qu'ils soient, de molester, iniurier, ny mal-traiter le Baillif, Officiers, ny aucuns de ceux qui seront employez pour prendre, conduire, enuoyer ou accompagner les Pauures, & d'empescher l'execution des Lettres, & du Reglement general y attaché, & des Arrests interuenus en consequence, ou dés Ordonnances particulieres des Directeurs; à peine d'estre emprisonnez sur le champ, & procedé criminellement contre eux à la requeste des Directeurs ; & aux Pauures de faire resistance, sur peine d'estre punis.

XIV. Enioint au Preuost de Paris, Lieutenant Ciuil, Lieutenant Criminel, Lieutenant Criminel de robe courte, & autres Officiers du Chastellet, à tous autres, mesme aux Bourgeois, de prester main-forte pour l'execution des Lettres, du Reglement, & des Arrests, soit pour la capture des Pauures, ou celles d'autres personnes qui se trouueront contreuenir au present Arrest, soit pour les saisies, executions, ou autrement; à peine d'en respondre par les refusans ou dilayans en leurs propres & priuez noms, & d'amendes arbitraires.

XV. Enioint aux Commissaires, & tous autres Officiers, de ne laisser habiter personne dans leurs quartiers, qu'il n'ait prealablement verifié à la Police d'auoir du bien, ou vacation suffisante pour se nourrir & subuenir à leur famille, excepté les Pauures honteux assistez des Parroisses, ou d'ailleurs, sans pouuoir mandier de iour ny de nuict, à peine du foüet; le tout conformément ausdites Lettres Patentes du mois d'Auril 1656. qui seront executées selon leur forme & teneur, aux termes portez par ledit Arrest de verification d'icelles, du premier Septembre ensuiuant.

XVI. Enioint à tous les vagabonds & gens sans adueu, aux Pauures mandians, & à tous autres qui sortiront la ville & faux-bourgs de Paris, de se retirer hors la Banlieuë, Preuosté, & Vicomté de Paris.

XVII. Auec defenses de ne demeurer plus d'vne nuict dans les Hospitaux, ou Fermes desdits Hospitaux; & aux Administrateurs, Fermiers, Locataires, & autres, de les y laisser ny souffrir dauantage. Enioint aux Officiers des lieux d'en faire la visite, & d'en certifier le Procureur general du Roy, ou ses Substituts sur les lieux.

XVIII. Leur fait aussi defenses, & à toutes personnes, de s'attrouper en quelque lieu que ce puisse estre, du ressort de la Cour, à peine du foüet, de galeres, ou de bannissement, & de plus grande peine, s'il y eschet.

XIX. Enioint aux Preuosts des Mareschaux, autres Officiers & Archers de s'en saisir, en cas de contrauention aux Lettres, au Reglement, ou au present Arrest.

XX. Lequel sera leu, publié, & affiché par les carrefours, à son de Trompe & cry public, par trois iours de Marché consecutifs, auparauant ledit iour Lundy septiesme May prochain.

XXI. Qu'il sera pareillement leu, publié, & affiché dans les Prouinces du ressort de la Cour, à la diligence des Substituts du Procureur general, qui seront tenus d'en certifier la Cour au mois, à peine d'en respondre en leurs propres & priuez noms; le tout à ce que personne n'en pretende cause d'ignorance.

XXII. Fait en Parlement le dix-huitiesme iour d'Auril mil six cent cinquante-sept.

Signé, Gvyet.

Collationné à l'original par moy Conseiller Secretaire du Roy, Maison, Couronne de France, & de ses Finances.

Le Lundy vingt-uniesme iour d'Auril mil six cent cinquante-sept, l'Arrest de la Cour de Parlement cy-dessus

dessus a esté leu & publié à son de Trompe & cry public par les Carrefours & lieux accoustumez de cette ville & faux-bourgs de Paris, par moy Charles Canto Iuré Crieur ordinaire du Roy en la Ville, Preuosté, & Vicomté de Paris : A ce faire i'estois accompagné de Iean du Bos, Iacques le Frain, & Estienne Chappé Iurez Trompettes du Roy esdits lieux ; & affichée ledit iour. Signé, CANTO.

Arrest de la Cour de Parlement du 18. *Auril* 1657. *faisant defenses à tous Soldats estropiez, & autres, d'empescher ny troubler les Directeurs de l'Hospital general en la proprieté & possession du Chasteau de Bisextre.*

18. Auril 1657.

Extraict des Registres de Parlement.

SVR la remonstrance faite par le Procureur general, que par l'Edict du mois d'Auril dernier, verifié en la Cour, suiuant l'Arrest du premier Septembre, & publié en l'Audience le 4. Decembre, pour l'Hospital general ; le Roy a donné, entre autres choses, les maisons & emplacemens de Bisextre, circonstances & dépendances, reuoquant entant que besoin seroit, tous autres Breuets & concessions qui pourroient en auoir esté obtenuës en faueur des pauures Soldats estropiez, ou pour quelque autre cause ou pretexte, derogeant à toutes Lettres à ce contraires; en consequence duquel Edict, les Directeurs de l'Hospital general ont fait faire plusieurs reparations, augmentations, & bastimens: Neantmoins au preiudice de ce, quelques Soldats estropiez ne laissent de pretendre qu'ils ont droict sur ledit lieu de Bisextre; qui depuis la destination faite aux Soldats, auoit esté donnée pour la retraite des Enfans trouuez, en attendant l'establissement de l'Hospital general, & menacent lesdits Soldats de s'en emparer, ou d'en troubler la ioüyssance. LA COVR fait tres-expresses inhibitions & defenses à tous Soldats estropiez, & autres, d'empescher ny troubler les Directeurs de l'Hospital general en la proprieté, possession & ioüyssance du Chasteau de Bisextre, circonstances & dependances données pour l'establissement dudit Hospital general: En cas de contrauention, permet d'emprisonner les contreuenans, & mesme d'informer pardeuant l'vn des Conseillers ou Huissiers de la Cour sur ce requis, de toutes menaces & paroles pour raison de ce; pour les informations veuës & rapportées, estre ordonné ce que de raison. FAIT en Parlement le 18. iour d'Auril 1657. Signé, DV TILLET.

Collationné à l'original par moy Conseiller Secretaire du Roy, Maison, & Couronne de France, & de ses Finances.

Arrest de la Cour de Parlement, du 18. Auril 1657. faisant defenses à tous Notaires, Huissiers, & Sergens, de faire aucuns actes de Iustice, concernans l'Hospital general, ailleurs qu'au Bureau de la Pitié, & non aux Directeurs en leurs maisons, à peine de nullité, & d'amende. Du 18. Auril 1657.

Extraict des Registres de Parlement.

VEV par la Cour la Requeste presentée par les Directeurs de l'Hospital general de cette ville de Paris ; contenant, qu'encores que par les Lettres d'Establissement dudit Hospital, du mois d'Auril 1656. verifiées en ladite Cour le premier Septembre, & publiées en l'Audience le quatriesme Decembre ensuiuant, il soit expressément defendu à tous Notaires, Huissiers, & Sergens, de faire aucune sommation, offres, signification, ny exploits, concernans ledit Hospital general, ailleurs qu'au Bureau d'iceluy, auec defése de les faire aux Directeurs en particulier, ny en leurs maisons, à peine de nullité ; neantmoins, des Sergens ne laissent de faire des exploits de significations aux Directeurs, & en leurs maisons. Conclusions du Procureur general du Roy, & tout consideré : LADITE COVR, en consequence desdites Lettres verifiées en icelle, fait tres-expresses inhibitions & defenses à tous Notaires, Huissiers, & Sergens, de faire aucune sommation, offres, signification, ny exploict, concernant ledit Hospital general, ailleurs qu'au Bureau de la Pitié, scis au faux-bourg Sainct Victor, & non aux Directeurs en particulier, ny en leurs maisons; à peine de nullité & d'amende, & de tous dépens, dommages & interests contre les contreuenans. Que ce present Arrest sera signifié au Syndic des Notaires, & aux Maistres de la Communauté des Huissiers & Sergens, afin que lesdits Notaires, Huissiers, & Sergens n'en pretendent cause d'ignorance. FAIT en Parlement, le dix-hictiesme iour d'Auril mil six cent cinquante-sept. Signé, DU TILLET.

Collationné à l'original par moy Conseiller Secretaire du Roy, Maison, & Couronne de France, & de ses Finances.

Arrest de la Cour de Parlement du deuxiesme Iuin 1657. faisant defenses à toutes personnes de se transporter és lieux dépendans de l'Hospital general, & d'empescher le Bailly des Pauures, & ses Archers, en la capture & conduite des Mandians; & aux Mandians, de leur resister. 2. Iuin 1656.

Extraict des Registres de Parlement.

SVR la Remonstrance faite par le Procureur general du Roy; Que depuis l'execution de l'Edict pour l'Establissement de l'Hospital general, il ne se voit aucun Pauure mandiant dans la ville & faux-bourgs de Paris, dequoy le public reçoit vn soulagement tres-notable: Que pour consommer le dessein de ce grand Oeuure, qui est desia heureusement accomply au dehors dudit Hospital general, il est absolument besoin que les Prestres, les Administrateurs, les Officiers, les Domestiques, & les Ouuriers, ayent vne entiere liberté au dedans, pour l'instruction du Christianisme; & pour la discipline des Pauures qui y sont, pour l'execution des ordres, pour l'œconomie, pour la conduite, pour les ouurages, & pour la conseruation de toutes choses; que la multitude des personnes qui ont frequenté lesdits lieux, ou par curiosité, ou par charité, y a apporté beaucoup de confusion, de desordre, ou d'empeschement. Les inconueniens en ayans esté reconnus pendant la premiere semaine, que les Pauures s'estoient volontairement rendus dans cét Hospital, il fust representé aux Prosnes des Parroisses, qu'il estoit necessaire de s'abstenir des frequentes visites, pendant la quinzaine de l'enfermement. Le Peuple qui a veu vne descharge si notable en si peu de temps dans la ville & faux-bourgs de Paris, en quoy l'on peut dire, que c'est vn ouurage d'vne entiere benediction, n'a pas laissé de se transporter en foule dans les lieux dépendans dudit Hospital general : On en a souffert l'entrée autant qu'on a peu le faire, nonobstant toutes les incommoditez que l'on en receuoit ; mais enfin on a reconnu par experience, & par beaucoup de raisons, que cela affoiblissoit & empeschoit l'execution de l'œuure ; c'est pourquoy l'on a esté enfin obligé d'en refuser l'entrée, & principalement durant les Dimanches & Festes, ausquels iours, le grand nombre de personnes causoit plus de desordres, & dans les esprits des Pauures, & dans l'œconomie des Maisons. Que l'on ne pouuoit apporter d'ordre pendant les autres iours en des personnes qui n'ont iamais eu d'instruction ny de discipline, & en des Maisons nouuellement establies, où il est besoin de tant de choses pour l'establissement, & pour la subsistance. Que plusieurs personnes, au mespris de tout ce que dessus, ont voulu entrer dans lesdites Maisons, qu'ils y ont fait effort & violence, & contre les portes, & sur les murs, ont battu & excedé les Archers qui defendoient les portes. Qu'il y en a mesme qui les menacent en faisant leurs fonctions en la capture des Mandians, quand ils en rencontrent encores dans la Ville & Faux-bourgs; à quoy il est besoin de pouruoir : LA COVR a fait & fait inhibitions & defenses à toutes personnes, de quelque qualité qu'elles soient, de se transporter aux lieux dépendans dudit Hospital general. Enioint aux Administrateurs dudit Hospital, de tenir & faire tenir les portes fermées, à ce qu'il n'y puisse entrer que les Pauures mandians, qui sont de la qualité d'y estre admis, & ceux qui y ont fonction ou ministere pour le spirituel ou pour le temporel, ou par l'ordre exprés des Directeurs & Administrateurs. FAIT aussi defenses à toutes personnes d'empescher le Bailly des Pauures & ses Archers en la capture & conduite des Mandians, & aux Mandians de leur resister : Que chacun leur prestera main-forte, conformément aux Lettres & aux Arrests, sur les peines y contenuës. Qu'en cas de contrauention, contre aucunes des choses cy-dessus, il sera extraordinairement procedé contre les contreuenans ; & mesme permis d'emprisonner ceux qui voudront faire effort d'entrer dans les Maisons dudit Hospital, au preiudice des defenses. Et sera le present Arrest publié & affiché par tout où besoin sera, à ce que personne n'en pretende cause d'ignorance. FAIT en Parlement le deuxiesme Iuin, mil six cent cinquante-sept. Signé, DV TILLET.

Collationné.

Leu & publié à son de Trompe & cry public par tous les Carrefours ordinaires & extraordinaires de cette ville & faux bourgs de Paris, & affiché esdits lieux par moy Charles Canto Iuré Crieur du Roy en la Ville, Preuosté & Vicomté de Paris, assisté de Iean du Bos, Iacques le Frain Iurez Trompettes du Roy esdits lieux, & de Iean Thomas Trompette Commis, le Mercredy sixiesme iour de Iuin, mil six cent cinquante-sept.

Signé, CANTO.

Ordonnance

Ordonnance du Roy, Pour la distribution des Soldats estropiez dans les Places frontieres de Picardie, Champagne, & autres voisines : auec defenses de desemparer des Places, & de mandier en la ville & faux-bourgs de Paris. Du 20. Octobre 1657. 20. Octobre 1657.

DE PAR LE ROY.

SA MAIESTÉ ayant fait vne nouuelle distribution des Soldats estropiez dans ses Places frontieres de Picardie & de Champagne, & autres Prouinces voisines, à proportion des Garnisons qui y sont contenuës, & pour empescher les difficultez qui se sont rencontrées à faire tenir sur les lieux ponctuellement par aduance le fonds de l'Espargne necessaire pour les faire subsister ausdites Places ; & que sous pretexte du retardement qui y est arriué, & peut arriuer, ils ne retournent en la ville de Paris, d'où la plus-part ont esté tirez, pour ne les y pas laisser dans la mandicité & oisiueté : Sa Maiesté ayant ordonné qu'il sera payé par le Gouuerneur de chacune des Places où ils sont distribuez, ou par celuy qui y commandera en son absence, deux sols par iour à chacun Soldat, des deniers de la solde, & entretenement de la Garnison de chacune Place; soit que les Gouuerneurs en soient payez par le Tresorier de l'Extraordinaire de la guerre, soit des deniers prouenans des contributions qui se leuent sur le pays des Ennemis, pour aucunes desdites Places: Et qu'en outre, il sera fourny à chacun desdits Soldats estropiez vne Ration de pain de munition par iour, par le Munitionaire general des Garnisons, & que lesdits Soldats feront telle faction ou seruice qu'il leur sera ordonné ; auec defenses à eux d'en desemparer, à peine de la vie. Et voulant que cette defense soit ponctuellement obseruée ; mesme, afin que le bon & loüable establissement d'vn Hospital general en ladite ville de Paris, pour la retraitte, subsistance, instruction, & occupation de tous les Mandians, ne soit point troublé par le retour des Soldats en ladite Ville, pour y mandier & demeurer faineans : SA MAIESTE a defendu & defend tres-expressément à tous Soldats estropiez de mandier dans sa ville & faux-bourgs de Paris, à peine d'estre enfermez dans ledit Hospital general ; & à tous ceux qui ont esté enuoyez, ou ont eu ordre de demeurer dans les Places frontieres, de retourner en ladite ville & faux-bourgs de Paris, à peine de la vie, selon la rigueur des Ordonnances contre les Deserteurs. MANDE & ordonne sa Maiesté au Preuost de Paris, ou son Lieutenant Ciuil, de faire publier

& afficher la presente Ordonnance : Et au Lieutenant Criminel de Robe-courte dudit Preuost de Paris, de proceder selon la rigueur d'icelles contre ceux desdits Estropiez qui ozeront y contreuenir. FAIT à Metz, le vingtiesme iour d'Obre, mil six cent cinquante-sept.

Signé, LOVIS. Et plus bas, LE TELLIER.

Arrest de verification & enregistrement des Lettres Patentes du Roy en forme d'Edit, du mois d'Auril 1656. en la Cour des Aydes. Du 11. Decembre 1657. Du 11. Decembre 1657.

Extraict des Registres de la Cour des Aydes.

VEV par la Cour les Lettres Patentes du Roy, en forme d'Edit, données à Paris au mois d'Auril 1656. signées LOVIS, & plus bas, Par le Roy, DE GVENEGAVD, & seellées du grand Seau de cire verte ; par lesquelles, & pour les causes y contenuës, Sa Maiesté auroit ordonné que les Pauures mandians valides & inualides, de l'vn & l'autre sexe, de cette ville & faux-bourgs de Paris seroient enfermez, pour estre employez aux ouurages, manufactures, & autres trauaux, selon leur pouuoir, suiuant & conformément au Reglement attaché sous le contreſeel deſdites Lettres; octroyant à cét effet à l'Hoſpital general, auquel ils ſeront enfermez, le droict de franc-ſallé, iuſques à la concurrence de quatre muids de ſel, pour la prouiſion d'iceluy, en payant ſeulement le prix du Marchand, l'exemption de tous ſubſides, impoſitions, & droicts d'entrées, ponts, peages, paſſages, barrages, & autres droicts, pour la quantité de mille muids de vin, & des autres choſes neceſſaires & vtiles pour la prouiſion dudit Hoſpital; meſme l'exemption des logemens des gens de guerre, contribution, & aydes, tant audit Hoſpital, qu'aux Receueurs & Fermiers d'iceluy, & autres droicts & exemptions, plus au long contenuës eſdites Lettres : Veu auſſi les conſentemens de Mes Iacques André, & Loüis Fauueau Fermiers generaux des Aydes de France, & des Entrées ſur le Vin; & de Me Iacques le Noir Fermier general des Gabelles de France : Concluſions du Procureur general du Roy, & tout conſideré : LA COVR a ordonné & ordonne leſdites Lettres eſtre regiſtrées au Greffe d'icelle, pour eſtre executées ſelon leur forme & teneur, ſauf aux Fermiers & Adiudicataires des Gabelles, Aydes, & autres, de laditeville & faux-bourgs de Paris, & autres, à ſe pouruoir pardeuers le Roy pour leur dédommagement, pour raiſon des exemptions mentionnées eſdites Lettres ; & ſans que ledit Hoſpital general puiſſe pretendre les marchandiſes, & autres choſes declarées, acquiſes & confiſquées au Roy, luy appartenir en tout, ou partie, s'il n'eſt prealablement ordonné par la Cour, ou les Iuges reſſortiſſans en icelle ; & ſans que les Fermiers, Sous-fermiers, Receueurs & Commis dudit Hoſpital, puiſſent pretendre aucune exemption des Tailles, Taillon, ſubſiſtances, vſtanciles, quartier d'hyuer, ny d'autres deniers ordinaires ou extraordinaires ordonnez eſtre leuez ; ains ſeront impoſez au Roolles qui ſeront faits, pour la leuée d'iceux, par les Aſſeeurs & Collecteurs, ſuiuant tous leurs biens & facultez : Comme auſſi ne pourront pretendre exemption des contributions & aydes pour les logemens & paſſages des gens de guerre : Et ne pourront eſtre eſtenduës les exemptions des droicts d'entrée des ports & ponts, peages, octroys des Villes, barrages, & paſſages, des vins, bois, charbon, foins, cendres, & autres denrées pour la prouiſion dudit Hoſpital, qu'aux droicts du Roy ſeulement, & ce à la charge de n'en abuſer ; & ſans que les Officiers & domeſtiques dudit Hoſpital puiſſent ioüyr deſdites exemptions, que lors qu'ils demeureront actuellement dans l'enclos d'iceluy ; ny qu'aucun debit dudit Vin puiſſe eſtre fait à aucuns Eſtrangers, ny hors l'enclos dudit Hoſpital ; lequel ioüyra dudit franc-ſallé, à la charge de payer le prix du Marchand, droicts des Officiers, & des quatre Compagnies Souueraines ; & auſſi à la charge de rapporter tous les ans au Greffe d'icelle le Roolle de tous les Pauures, Officiers & domestiques, certifié veritable par les Administrateurs d'iceluy, au nombre de six au moins. Et à l'égard des Expeditions estans au Greffe de la Cour, & des Sieges ressortissans en icelle, ne seront deliurez gratuitement, que celles concernant les causes & procés qu'aura ledit Hospital general directement, & en son nom : Et seront les Bourgeois seulement inuitez de contribuer à l'establissement & subsistance dudit Oeuure, sans qu'ils puissent estre taxez, sinon en cas de grande necessité ; & ce, en la maniere accoustumée. PRONONCÉ le onziesme Decembre mil six cent cinquante-sept.

La Cour a arresté, que les Officiers qui seront receus en icelle, en leur Charge & Office, seront seulement excitez de donner quelque chose par aumosne audit Hospital, aprés la reception d'iceux, & sans estre obligez d'en rapporter quittance.

Arrest de verification en la Cour des Monnoyes, de l'Edict du Roy pour l'establissement de l'Hospital general, Du 19. Decembre 1657.

Du 19. Decembre 1657.

Extraict des Registres de la Cour des Monnoyes.

VEV par la Cour les Lettres Patentes en forme d'Edict, données à Paris au mois d'Auril 1656. signées LOVIS, & plus bas, DE GVENEGAVD, & scellées du grand Seel de cire verte, sur double laqs de soye rouge & verte, par lesquelles Sa Maiesté, pour les causes y contenuës, auroit ordonné que les Pauures mandians, de l'vn & l'autre sexe, seroient enfermez dans les lieux destinez soubs le nom d'Hospital general, pour estre employez selon leur pouuoir, aux ouurages, manufactures, & autres trauaux, soubs la conduite des Directeurs choisis & nommez par sadite Maiesté, conformément au Reglement attaché soubs le contreseel desdites Lettres, ainsi qu'il est porté plus au long par icelles : Conclusions du Procureur general du Roy ; oüy le rapport du Conseiller à ce commis : LA COVR ayant esgard aux Conclusions dudit Procureur general, a ordonné & ordonne, que lesdites Lettres & Reglement seront seus, publiez, & registrez, pour estre executez, aux charges & modifications qui ensuiuent; Sçavoir, Que dans les affaires qui seront de la Iurisdiction & cognoissance de ladite Cour, s'il faut donner des peines afflictiues, les Directeurs seront obligez de les faire iuger en icelle; ce qui sera fait sans fraiz. Que le Preuost general des Monnoyes de France, ses Lieutenans, Exempts, & Archers, les Huissiers des Mines & Minieres, & les Sergens des Monnoyes seront tenus de prester main-forte quand ils seront requis, pour l'execution desdites Lettres Patentes, Reglement general, & Ordonnances particulieres, tant des Directeurs dudit Hospital, que du Bailly, conformément ausdites Lettres. Que les Directeurs pourront mettre vne boëtte és Bureaux des Changeurs, & boutiques des Maistres des Mestiers qui sont dépendans de la Iurisdiction de ladite Cour; comme pareillement au Comptoir & Change de la Monnoye de cette Ville; & si bon leur semble, des autres Monnoyes de ce Royaume, & des lieux où seront fabriquées des monnoyes de billon & de cuiure; dans laquelle tous ceux qui apporteront esdites Monnoyes & Fabriques des matieres d'or, d'argent, billon & cuiure, & viendront changer des Especes, seront inuitez par le Maistre, Contre-garde, & autres Officiers desdites Monnoyes, ausquels la Cour enioint de ce faire, de mettre

mettre leurs aumosnes ; & à la fin de chacune année, ou tel autre temps que bon semblera ausdits Directeurs, leur sera la boëtte ouuerte par le Maistre qui en sera le depositaire, en presence du Iuge Garde, & du Substitut du Procureur general en ladite Monnoye ou Fabrique ; pour estre les deniers qui se trouueront en icelle, mis entre les mains du Receueur dudit Hospital, ou de ses Commis, dont ils donneront quittance audit Maistre pour sa descharge. Que le Roolle de la taxe que les Gardes des Orfeures, les Maistres dudit Corps, Iurez, Maistres, & Apprentifs des Mestiers qui sont de la Iurisdiction de ladite Cour, seront tenus de payer au temps de leur Eslection, Iurande, Reception & Apprentissage, la taxe qui sera par elle faite, & les sommes payées en vertu d'iceluy. Que les transactions & compromis qui pourront estre faits entre les Iusticiables de ladite Cour, & pour affaires concernans sa Iurisdiction, seront homologuez en icelle ; & en cas d'appel, il ne pourra estre releué ailleurs. Que les Directeurs ne pourront acquerir les Hostels de Monnoye, & dépendances d'iceux. Que les manufactures d'or & d'argent, qui seront faites dans ledit Hospital general, & dépendances d'iceluy, seront marquées sçauoir celles d'Orfeurerie, du poinçon du compagnon qui les aura faites, & d'vn poinçon particulier dudit Hospital general ; lesquels seront insculpez en vne table de cuiure, qui sera au Greffe de ladite Cour, & contre-marquez du poinçon general des Orfeures, lors qu'il les portera à la marque; & ne pourront estre exposez en vente, qu'ils ne soient contre-marquez dudit poinçon general des Orfeures, à peine de confiscation, & d'amende arbitraire: Et les autres manufactures esquelles il entrera de l'or & de l'argent, seront seulement marquées du poinçon dudit Hospital, appliqué sur des morceaux de plomb, lequel sera pareillement insculpé sur ladite table de cuiure, pour connoistre où lesdits ouurages auront esté faits: Et au surplus, les Reglemens faits pour les Mestiers concernans lesdits ouurages & manufactures, seront executez & obseruez dans ledit Hospital. Que lesdits ouurages & manufactures, en consideration de la qualité de la matiere employée, & pour la consequence, seront visitez par les Conseillers de ladite Cour, en la maniere accoustumée, ausquelles visites seront appellez deux des Directeurs dudit Hospital; & s'il se trouue quelque defectuosité esdits ouurages, lesdits Conseillers les scelleront auec les deux Directeurs, en dresseront Procés verbal, & feront leur rapport à la Cour, pour estre par elle ordonné ce qu'il appartiendra, sans qu'ils puissent estre transportez que par ordre d'icelle, ny saisis dans les ruës, estant portez par les Enfans domestiques, ou Ouuriers dudit Hospital, pourueu qu'ils ſoient marquez de la marque d'iceluy. Qu'il n'y aura aucuns Affineurs dans ledit Hoſpital, ny dans les lieux qui en dépendent, conformément aux Ordonnances, qui leur defendent de faire leur demeure actuelle, & de trauailler ailleurs que dans les Hoſtels des Monnoyes : Que quand les deux compagnons Orfeures, Batteurs & Tireurs d'or & d'argent, Graueurs, Horlogers, Ballanciers, & autres iuſticiables de ladite Cour, auront eſté choiſis par les Gardes & Iurez, & arreſtez par les Directeurs; leſdits Gardes & Iurez ſeront tenus de les preſenter à ladite Cour, & prendre acte de leur preſentation au Greffe d'icelle, qui leur ſera deliurée ſans fraiz, auant que d'introduire leſdits compagnons dans l'Hoſpital; à peine d'eſtre deſcheus du priuilege à eux accordé à la fin du temps qu'ils auront ſeruy, & leſdits Gardes & Iurez d'eſtre tenus de leurs dommages & intereſts. Que s'il arriue quelque conteſtation pour raiſon des Meſtiers qui ſont de la Iuriſdiction de ladite Cour; & pour les Compagnons d'iceux, qui ſeront neceſſaires audit Hoſpital, & affaires concernans leurſdits Meſtiers, il y ſera pourueu par icelle en premiere Inſtance, à l'excluſion de tous autres Iuges : Et ſera ſa Maieſté tres-humblement ſuppliée d'enuoyer à ſadite Cour ſes Lettres de Declaration, par leſquelles, en confirmant les charges & modifications du preſent Arreſt, & la taxe qui sera par elle faite de ses Officiers & iusticiables, il luy plaira ordonner, que priuatiuement à toutes autres autres Cours & Iuges, elle aura la connoissance des differends & contestations qui pourroient arriuer en execution dudit Edit, Arrest, & taxe, & en ce qui concerne la Iurisdiction à elle attribuée par les Ordonnances; nonobstant que par ledit Edit il n'en soit fait aucune mention; ce qui ne luy pourra nuire ny preiudicier, & iusqu'à ce, sous le bon plaisir de sadite Maiesté, sera surcis à l'execution dudit Arrest de verification & enregistrement. FAIT en la Cour des Monnoyes, les Semestres assemblez, le dix-neufiesme Decembre mil six cent cinquante-sept. Signé par collation, BOVLLE. gratis.

Du 9. Ianuier 1658.

Arrest d'enregistrement au grand Conseil, de l'Edict du Roy, pour l'establissement de l'Hospital general, Du 9. Ianuier 1658.

Extraict des Registres du Conseil du Roy.

VEV par le Conseil les Lettres en forme d'Edict, du mois d'Auril 1656. portant Establissement d'vn Hospital general, pour renfermer les Pauures mandians, valides & inualides, de la ville & faux-bourgs de Paris, duquel le Roy entend eſtre Conſeruateur & Protecteur & des lieux qui en dépendent, comme eſtant de Fondation Royale, & contenant les dons, facultez, exemptions, & droicts y attribuez, pour la ſubſiſtance dudit Hoſpital; auec le Reglement que le Roy veut y eſtre obſerué, attaché ſoubs le contreſeel deſdites Lettres: Concluſions du Procureur general du Roy, LE CONSEIL a ordonné & ordonne, que leſdites Lettres en forme d'Edit, & ledit Reglement, ſeront leus & publiez en l'Audience dudit Conſeil, & regiſtrées és Regiſtres d'iceluy, pour y eſtre gardez & obſeruez ſelon leur forme & teneur, aux charges & conditions portées par la Declaration du Roy, du 21. Mars 1657. & Arreſt d'enregiſtrement & verification d'icelle, du cinquieſme Decembre audit an. Le preſent Arreſt a eſté mis au Greffe dudit Conſeil, monſtré au Procureur general du Roy, & prononcé à Paris le neufieſme iour de Ianuier mil ſix cent cinquante-huict. Signé par collation. Signé, HERBIN, & à coſté gratis.

Du 15. Ianuier 1658.

Arreſt de la Cour des Monnoyes du 15. Ianuier 1658. portant la taxe arreſtée par ladite Cour, en execution de la Declaration du Roy, en faueur de l'Hoſpital general.

Extraict des Regiſtres de la Cour de Monnoyes.

VEv par la Cour les Lettres Patentes du Roy en forme de Declaration, données à Paris le 10. du preſent mois, ſignées LOVIS; & plus bas, Par le Roy, DE GVENEGAVD, & ſeellées du grand Seel de cire iaune; par leſquelles ſa Maieſté, pour les cauſes y contenuës, declare qu'elle n'auoit point entendu preiudicier à ſon Edict du mois d'Auril *1656.* à ladite Cour, touchant ſa Iuriſdiction, encore que par leſdites Lettres il n'en fuſt point fait mention. Veut ſadite Maieſté, & luy plaiſt, que les cauſes & differends dudit Hoſpital general ſoient traitées en premiere inſtance en ladite Cour, en ce qui la concerne & luy appartient, ſuiuant les Ordonnances, Declarations, & Reglemens, tout ainſi qu'elle feroit ſi elle auoit eſté compriſe dans l'Edict du mois d'Auril; & entant que beſoin ſeroit luy en attribuë toute cour, iuriſdiction, & connoiſſance, comme la Grand'-Chambre du Parlement, & Cour le Roy entend eſtre Conſeruateur & Protecteur & des lieux qui en dépendent, comme eſtant de Fondation Royale, & contenant les dons, facultez, exemptions, & droicts y attribuez, pour la ſubſiſtance dudit Hoſpital; auec le Reglement que le Roy veut y eſtre obſerué, attaché ſoubs le contreſeel deſdites Lettres: Concluſions du Procureur general du Roy, LE CONSEIL a ordonné & ordonne, que leſdites Lettres en forme d'Edit, & ledit Reglement, ſeront leus & publiez en l'Audience dudit Conſeil, & regiſtrées és Regiſtres d'iceluy, pour y eſtre gardez & obſeruez ſelon leur forme & teneur, aux charges & conditions portées par la Declaration du Roy, du 21. Mars 1657. & Arreſt d'enregiſtrement & verification d'icelle, du cinquieſme Decembre audit an. Le preſent Arreſt a eſté mis au Greffe dudit Conſeil, monſtré au Procureur general du Roy, & prononcé à Paris le neufieſme iour de Ianuier mil ſix cent cinquante-huict. Signé par collation. Signé, HERBIN, & à coſté gratis.

Du 15. Ianuier 1658.

Arrest de la Cour des Monnoyes du 15. Ianuier 1658. portant la taxe arrestée par ladite Cour, en execution de la Declaration du Roy, en faueur de l'Hospital general.

Extraict des Registres de la Cour de Monnoyes.

VEv par la Cour les Lettres Patentes du Roy en forme de Declaration, données à Paris le 10. du present mois, signées LOVIS; & plus bas, Par le Roy, DE GVENEGAVD, & seellées du grand Seel de cire iaune; par lesquelles sa Maiesté, pour les causes y contenuës, declare qu'elle n'auoit point entendu preiudicier à son Edict du mois d'Auril 1656. à ladite Cour, touchant sa Iurisdiction, encore que par lesdites Lettres il n'en fust point fait mention. Veut sadite Maiesté, & luy plaist, que les causes & differends dudit Hospital general soient traitées en premiere instance en ladite Cour, en ce qui la concerne & luy appartient, suiuant les Ordonnances, Declarations, & Reglemens, tout ainsi qu'elle feroit si elle auoit esté comprise dans l'Edict du mois d'Auril; & entant que besoin seroit luy en attribuë toute cour, iurisdiction, & connoissance, comme la Grand'-Chambre du Parlement, & Cour

Galeres, & autres peines, & Commutation d'icelles, & autres Lettres de cette qualité, pour chacune, trente liures.

Pour l'enterinement d'vn Don, & autres Lettres de cette qualité, sera fait taxe suiuant la qualité du Don.

Pour vne creation d'Ouuriers de Monnoye, quarante liures tournois.

Pour vne Presentation & Enregistrement d'Edict, où il y aura Traitant ou Fermier, quarante liures tournois, ou telle autre somme qui sera arbitrée, suiuant la qualité de l'Edict.

FAIT en la Cour des Monnoyes, les Semestres assemblez, le quinziesme Ianuier 1658.

Signé, BOVLLE.

Collationné aux originaux par moy Conseiller Secretaire du Roy, & Greffier en chef de la Cour des Monnoyes.

Du 29. Decembre 1657.

Arrest de la Cour des Monnoyes, du 29. Decembre 1657. par lequel, la taxe de tous Officiers dependans de ladite Cour, est specifiée; & ce, en faueur de l'Hospital general.

Extraict des Registres de la Cour des Monnoyes.

SVR ce qui a esté remonstré par le Procureur general du Roy, que par les Lettres Patentes, en forme d'Edict, du mois d'Auril 1656. données pour l'establissement, police, & subsistance de l'Hospital general, verifiées & registrées par Arrest de cette Cour, du dix-neufiesme du present mois; il est porté, que tous les Officiers qui seront receus aux Compagnies Souueraines establies à Paris, autres que ceux desdites Compagnies; & aussi ceux qui seront receus dans les Sieges & Iurisdictions subalternes, ordinaires & extraordinaires, pareillement establis en ladite Ville, seront tenus à leurs receptions donner quelque somme modique audit Hospital general, dont ils seront obligez de rapporter la quittance, auparauant que l'Arrest ou Iugement de leur reception soit deliuré; laquelle somme ou taxe seroit arbitrée par lesdites Compagnies Souueraines, chacune en ce qui les regarde, és

Roolles dressez d'icelles, eu esgard à la qualité desdits Officiers: Et que tous Compagnons de Mestier, lors de leur Breuet d'apprentissage, & les Maistres, lors de leur chef-d'œuure, experience, & Iurande, seront aussi tenus de donner quelque somme modique audit Hospital general, & en rapporter pareillement la quittance auparauant que lesdits Breuets d'apprentissage, ou Lettres de maistrise leur soient deliurées; le tout selon la taxe & Roolle qui en sera arresté, à proportion des Mestiers; & pourueu à l'asseurance du recouurement desdites cottes & contributions. VEV lesdites Lettres en forme d'Edit, & Arrest de verification d'icelles; la matiere mise en deliberation, tout consideré: LA COVR a ordonné & ordonne que le Roolle par elle arresté, tant pour les Officiers qui seront receus en icelle, & par ses Commissaires Generaux Prouinciaux, Preuost General, & Iuges Gardes des Monnoyes, que pour ses Iusticiables, sera executé selon sa forme & teneur, tant & si longuement que besoin sera; & sauf à augmenter ou diminuer lesdites taxes, ainsi que ladite Cour aduisera bon estre. Que chacun des Officiers y desnommez, les Maistres & Gardes de l'Orfeuterie, les Maistres dudit Corps, les Iurez & Maistres des autres Mestiers iusticiables de ladite Cour, ne pourront estre receus à faire le serment lors de leurs Eslections, Iurandes, & Receptions, ny faire leurs experiences

& chef-d'œuures, ſoit en ladite Cour, ou pardeuant les Commiſſaires & Officiers ſubalternes d'icelle, qu'ils n'ayent payé la ſomme à laquelle ils ſeront taxez : Comme pareillement aucun Apprentif ne pourra eſtre receu Maiſtre, qu'il n'ait payé ſa taxe, à cauſe de ſon apprentiſſage; dont ſera fait mention par le Breuet d'iceluy, à la diligence du Maiſtre qui le prendra pour Apprentif, dont il ſera reſponſable, & des dommages & intereſts dudit Apprentif, en cas d'omiſſion; & en outre, à peine de nullité deſdites Elections, Receptions, & Breuets. Que le payement de ladite taxe ſe fera ſous les quittances du Receueur general dudit Hoſpital. A fait & fait defenſes tres-expreſſes au Greffier de ladite Cour, Greffiers des Monnoyes, Commiſſions, Preuoſté, & autres, de deliurer aucuns Arreſts, Iugemens, ou Actes de Receptions d'Officiers, Elections, Iurandes, Receptions de Maiſtres, Enregiſtremens de Breuets, & autres expeditions ſuiettes à ladite taxe, qu'on ne leur ait repreſenté la quittance du Receueur dudit Hoſpital, à peine d'en reſpondre en leurs propres & priuez noms. Ordonne en outre, que le Roolle deſdites taxes ſera mis au Greffe en vn tableau, & copies en bonne forme enuoyées à la diligence du Procureur general, auec le preſent Arreſt, audit Hoſpital general, Generaux Prouinciaux, Sieges des Monnoyes, & Preuoſt general, & auſ-

Roolles dressez d'icelles, eu esgard à la qualité desdits Officiers: Et que tous Compagnons de Mestier, lors de leur Breuet d'apprentissage, & les Maistres, lors de leur chef-d'œuure, experience, & Iurande, seront aussi tenus de donner quelque somme modique audit Hospital general, & en rapporter pareillement la quittance auparauant que lesdits Breuets d'apprentissage, ou Lettres de maistrise leur soient deliurées; le tout selon la taxe & Roolle qui en sera arresté, à proportion des Mestiers; & pourueu à l'asseurance du recouurement desdites cottes & contributions. VEV lesdites Lettres en forme d'Edit, & Arrest de verification d'icelles; la matiere mise en deliberation, tout consideré: LA COVR a ordonné & ordonne que le Roolle par elle arresté, tant pour les Officiers qui seront receus en icelle, & par ses Commissaires Generaux Prouinciaux, Preuost General, & Iuges Gardes des Monnoyes, que pour ses Iusticiables, sera executé selon sa forme & teneur, tant & si longuement que besoin sera; & sauf à augmenter ou diminuer lesdites taxes, ainsi que ladite Cour aduisera bon estre. Que chacun des Officiers y desnommez, les Maistres & Gardes de l'Orfeuterie, les Maistres dudit Corps, les Iurez & Maistres des autres Mestiers iusticiables de ladite Cour, ne pourront estre receus à faire le serment lors de leurs Eslections, Iurandes, & Receptions, ny faire leurs experiences

& chef-d'œuures, soit en ladite Cour, ou pardeuant les Commissaires & Officiers subalternes d'icelle, qu'ils n'ayent payé la somme à laquelle ils seront taxez : Comme pareillement aucun Apprentif ne pourra estre receu Maistre, qu'il n'ait payé sa taxe, à cause de son apprentissage, dont sera fait mention par le Breuet d'iceluy, à la diligence du Maistre qui le prendra pour Apprentif, dont il sera responsable, & des dommages & interests dudit Apprentif, en cas d'omission; & en outre, à peine de nullité desdites Elections, Receptions, & Breuets. Que le payement de ladite taxe se fera sous les quittances du Receueur general dudit Hospital. A fait & fait defenses tres-expresses au Greffier de ladite Cour, Greffiers des Monnoyes, Commissions, Preuosté, & autres, de deliurer aucuns Arrests, Iugemens, ou Actes de Receptions d'Officiers, Elections, Iurandes, Receptions de Maistres, Enregistremens de Breuets, & autres expeditions suiettes à ladite taxe, qu'on ne leur ait representé la quittance du Receueur dudit Hospital, à peine d'en respondre en leurs propres & priuez noms. Ordonne en outre, que le Roolle desdites taxes sera mis au Greffe en vn tableau, & copies en bonne forme enuoyées à la diligence du Procureur general, auec le present Arrest, audit Hospital general, Generaux Prouinciaux, Sieges des Monnoyes, & Preuost general, & auf-

dits Maistres & Gardes, & Iurez, pour estre leus dans leur Communauté. Que ledit Greffier de la Cour tiendra vn controolle exact de ce qui aura esté, ou deu estre payé tous les ans pour les Receptions, & autres actes faits en icelle : Comme aussi les autres Greffiers, chacun à son esgard ; & qu'à la diligence dudit Procureur general, auquel la Cour enioint de tenir la main à l'execution du present Arrest, lesdits Greffiers enuoyeront tous les six mois le controolle qu'ils auront fait, pour estre mis és mains du Receueur general dudit Hospital, & confronté au memoire des quittances qu'il aura données, & au Roolle de la taxe, dont la teneur ensuit.

Taxe arrestée par la Cour, en execution des Lettres Patentes du Roy, du mois d'Auril 1656. verifiées & registrées en icelle le 19. du present mois, pour la reception des Officiers, en faueur de l'Hospital general.

LES Generaux Prouinciaux de Normandie, Bretagne, Guyenne, Languedoc, Prouence, Dauphiné, & Bourgongne, chacun trente liures tournois.

Le Controolleur des menuës Monnoyes, quarante liures.

Vn Subſtitut du Procureur general en la Cour, trente liures.

Vn Commis du Greffe, dix liures.

Vn Huiſſier, dix liures.

Le Tailleur general des Monnoyes, quarante liures.

L'Eſſayeur general, quinze liures.

Vn Iuge Garde des Monnoyes, quinze liures.

Vn Contregarde, cinq liures.

Vn Subſtitut du Procureur general en icelles, cinq liures.

Vn Tailleur particulier de Monnoye, vingt liures.

Vn Eſſayeur particulier, ſept liures dix ſols.

Vn Greffier d'vn Siege de Monnoye, cinq liu.

Vn Huiſſier deſdits Sieges, cinq liures.

Vn Preuoſt des Ouuriers en la Monnoye de Paris, dix liures.

Vn Lieutenant en ladite Monnoye, huit liures.

Vn Preuoſt des Ouuriers és autres Monnoyes, cinq liures.

Vn Lieutenant, quatre liures.

Vn Preuoſt des Monnoyers, en la Monnoye de Paris, dix liures.

Vn Lieutenant, huit liures.

Vn Preuoſt des Monnoyers, és autres Monnoyes, cinq liures.

Vn Lieutenant, quatre liures.

Vn Ouurier, huit liures.

Vn Monnoyer, huit liures.

Le Preuost General des Monnoyes, quarante liures.

Vn Lieutenant, vingt liures.

Vn Asseſſeur, dix liures.

Vn Subſtitut en ladite Preuoſté, dix liures.

Vn Exempt, dix liures.

Le Greffier, dix liures.

Vn Archer, trois liures.

Le Receueur & Payeur, vingt liures.

Le Controolleur dudit Payeur, dix liures.

Vn Officier general des Mines & Minieres, quarante liures.

Vn Officier particulier, dix liures.

Vn Huiſſier des Mines & Minieres, cinq liures.

Vn Changeur à Paris, Lyon, & Roüen, quarante liures.

Vn Changeur és autres Villes, vingt liures.

Pour les Iuſticiables de ladite Cour.

VN Affineur, lors de ſon apprentiſſage, dix liures.

Lors de ſa reception, trente liures.

Vn Orfeure, lors de l'apprentiſſage, à Paris, ſix liures.

Es autres Villes, trois liures.

Lors qu'il ſera receu Maiſtre, en preſtant le ſerment en la Cour, pour Paris, douze liures.

Pour les autres Villes, ſix liures.

Lors qu'il ſera eſleu Maiſtre & Garde, à Paris, douze liures.

Es autres Villes, ſix liures.

Vn Tireur d'or, lors de ſon apprentiſſage, à Paris, ſix liures.

En vne autre Ville, trois liures.

Lors qu'il ſera receu Maiſtre, à Paris, douze liures.

Es autres Villes, ſix liures.

Lors qu'il ſera eſleu Iuré, à Paris, douze liures.

Es autres Villes, ſix liures.

Vn Batteur d'or, lors de ſon apprentiſſage, trois liures.

Lors qu'il ſera receu Maiſtre, ſix liures.

Lors qu'il ſera eſleu Iuré, ſix liures.

Vn Balancier, lors de ſon apprentiſſage, trente ſols.

Lors qu'il ſera receu Maiſtre, trois liures.

Lors qu'il ſera eſleu Iuré, trois liures.

Vn Horloger, lors de ſon apprentiſſage, trente ſols.

Lors qu'il ſera receu Maiſtre, trois liures.

Lors qu'il ſera eſleu Iuré, trois liures.

Vn Graueur, lors de ſon apprentiſſage, trente ſols.

Lors qu'il ſera receu Maiſtre, trois liures.

Lors qu'il ſera eſleu Iuré, trois liures.

Vn

Vn Distillateur, pour la permission de distiller, dix liures.

Vn Chymiste, pour la permission d'auoir des fourneaux, dix liures.

FAIT en la Cour des Monnoyes, le 29. Decembre 1657. Signé, BOVLLE.

Declaration du Roy, du onziesme Feurier 1658. *pour les vingt sols, sur l'Entrée de Vin.* Du 11. Feurier 1658.

LOVIS par la grace de Dieu Roy de France & de Nauarre, A tous ceux qui ces presentes Lettres verront, Salut: Aprés auoir, auec les assistances extraordinaires du Ciel, dissipé heureusement les troubles & les factions du dedans de nostre Estat, qui estoient les premiers obstacles à la Paix generale de la Chrestienté, à laquelle tous nos soins & tous nos desirs tendent continuellement: Nous auons iugé, que rien ne pouuoit estre si digne de nostre reconnoissance enuers Dieu, ny si digne de sa gloire, de la consolation des bonnes ames, & de l'ornement public; de remedier aux abus & desordres, causez auec tant de scandale, à l'Eglise, & à la Religion, par le libertinage des Pauures mandians de nostre bonne ville & faux-bourgs de Paris ; ainsi que nous auons fait par nostre Edit du mois d'Auril, mil six cent cinquante-six, par lequel nous en auons ordonné le renfermement dans vn Hospital general : Et comme nous auons consideré dans l'establissement & progrés de cette Entreprise, que par son poids & par la qualité de sa dépense, elle deuoit estre l'ouurage de nostre préuoyance Royale, & ne pouuoit iamais reüssir que par le secours de nostre munificence, & par vne contribution publique ; Nous nous sommes aussi declarez Fondateur & le Protecteur de ce grand Oeuure, & proposé d'en soutenir la charge, par les moyens qui dépendent de nostre authorité : Ce que nous auons assez fait connoistre par les octroys & concessions mentionnez en nostredit Edit, & Declarations interuenuës en consequence, en faueur dudit Hospital general, par les precautions apportées pour sa subsistance, & par les soins paternels & charitables que nous auons pris de l'execution de nostredit Edit ; laquelle se trouue à present si fort auancée, que chacun est conuaincu, que par la continuation des benedictions qu'il a pleu à Dieu de respandre sur ce dessein, & par la pratique des moyens dont on peut vser, pour asseurer le fonds de la despense annuelle ; il est tres-facile de rendre ledit Establissement aussi solide, & d'aussi longue durée que l'on se l'est proposé dans son institution : Mais ledit renfermement estant de ces entreprises, dont on ne peut préuoir toute la despense ; qui requierent iournellement de nouueaux efforts, & qui menacent de ruine par le moindre manquement du fonds qui les doit soustenir : Nous auons esté informez, qus les fraiz du seul establissement ont monté à des sommes immenses, qui ont espuisé les contributions notables, que la Pieté Chrestienne y a fait découler de diuers endroits ; qu'il n'y a aucun reuenu audit Hospital, que celuy de la Maison de la Pitié, qui est fort peu de chose, en comparaison du necessaire, pour sa subsistance ; & qu'enfin le fonds de ladite subsistance ne paroissant pas asseuré au public, & aux particuliers, on craint, auec beaucoup de raison, la cheute dudit Establissement : Et cette crainte est d'autant plus preiudiciable, qu'elle refroidit la charité des particuliers enuers ledit Hospital general, & destourne les biens-faits & les liberalitez, qui affluëroient de toutes parts, si on estoit persuadé par quelque demonstration sensible, qu'il pûst subsister à l'aduenir, & estre garanty des accidens qui attaquent tousiours les grands Ouurages. De sorte que pour dissiper cette crainte, preuenir lesdits accidens, tesmoigner au public que nous n'auons rien si fort à cœur, que la manutention dudit establissement, faire sentir audit Hospital general les effets de nostre Fondation &

protection, à inuiter tous nos Subiets à concourir à nos intentions, par les dons & bien-faits proportionnez à leurs forces, & à leur pieté : Nous auons resolu de pouruoir à sa subsistance quotidienne, par la destination d'vn fonds, dont on puisse faire vn estat si certain, qu'il y en ait toûiours suffisamment ; & que faute de ce secours, il ne tombe dans aucun relasche ou abandonnement, comme il est arriué du renfermement desdits Pauures, ordonné & commencé en l'année mil six cent douze, pour n'auoir pas vsé de cette precaution & préuoyance. Et parce que ladite subsistance doit estre necessairement presente, & dont les Administrateurs puissent faire vn fondement certain ; & par consequent, d'autre nature que les reuenus casuels : Il nous a semblé qu'il ne peut y auoir de plus asseuré moyen, & qui soit moins à la foule de nos Subiets, qu'vne attribution des droicts, au profit dudit Hospital general, sur le Vin que l'on fera entrer en nostredite ville & faux-bourgs de Paris ; puisqu'en effet cette maniere de leuée n'excepte personne de tous ceux qui en sont tenus, & se trouuera proportionnée aux forces des contribuables, selon leur despense personnelle, & domestique : A CES CAVSES, sçauoir faisons, qu'ayant mis cette affaire en deliberation en nostre Conseil, de l'aduis d'iceluy, & de nostre certaine science, pleine puissance, & auctorité Royale, Nous auons dit, declaré, & ordonné, & par ces Presentes signées de nostre main, disons, declarons & ordonnons, voulons, & nous plaist, qu'il soit imposé, pendant trois années consecutiues, par augmentation, au profit dudit Hospital general, & par forme d'aumosne vniuerselle, & contribution publique, pieuse & charitable, à commencer au iour de la publication de cesdites Presentes, le droict de vingt sols sur chacun muid de vin, que l'on fera entrer en nostredite ville & faux-bourgs de Paris, tant par eauë que par terre ; laquelle imposition nous destinons & affectons specialement à la subsistance & entretenement dudit Hospital general, pour estre leuez & cueillis par les Fermiers de nostre Ferme des Entrées, auec les autres droicts qui se leuent sur le Vin, de nostredite ville & faux-bourgs de Paris ; & les deniers estre mis és mains du sieur Arondeau Receueur general dudit Hospital general, sur ses quittances, par lesdits Fermiers, au fur & à mesure qu'ils receuront lesdits deniers : VOVLONS aussi, que par la consideration de la destination & employ de ladite imposition, qui n'a point d'autre cause qu'vne aumosne generale & vniuerselle ; de laquelle personne ne peut & ne doit estre exempt, selon les anciens Reglemens & Ordonnances sur le faict des Pauures, verifiées par tout où besoin a esté ; que lesdits vingt sols soient payez par les voyes accouftumées, comme pour nos deniers & affaires; & generalement par toutes ſortes de perſonnes, exempts & non exempts, priuilegiez & non priuilegiez, Eccleſiaſtiques, Gentilshommes, Officiers de nos Cours ſouueraines & ſubalternes, Notaires & Secretaires de nos Maiſon & Couronne de France, anciens & nouueaux, Domeſtiques & Commenſaux des Maiſons Royales, & autres, quels qu'ils ſoient, ou puiſſent eſtre, ſans aucune exception ny reſerue, quoy que non exprimez; meſmes ſur le vin deſtiné pour l'vſage deſdites Maiſons Royales, & celles des Princes & Officiers de la Couronne, deſdites Compagnies ſouueraines, & des Maiſons, Communautez Seculieres & Regulieres, nonobſtant tous priuileges, à quoy nous dérogeons, pour ce regard, & ſans tirer à conſequence, attendu la deſtination deſdits deniers : SI DONNONS EN MANDEMENT à nos amez & feaux Conſeillers, les gens tenans noſtre Cour des Aydes à Paris, que ces Preſentes ils ayent à faire lire, publier, regiſtrer, & executer ſelon leur forme & teneur, ceſſans & faiſans ceſſer tous troubles & empeſchemens au contraire, nonobſtant toutes oppoſitions ou appellations; deſquelles, ſi aucunes interuiennent, nous auons attribué & attribuons la connoiſſance à noſtredite Cour des Aydes, & icelle interdiſons à nos autres Cours & Iuges; nonobſtant auſſi quelconques

Edits, Ordonnances, Arrests, & retentions à ce contraires ; ausquelles, & aux desrogatoires des desrogatoires y contenuës, nous auons desrogé & desrogeons par cesdites Presentes : CAR tel est nostre plaisir. En tesmoin dequoy, nous auons fait mettre nostre Seel à cesdites Presentes. Donné à Paris le onziesme iour de Feurier, l'an de grace mil six cent cinquante-huit, & de nostre Regne le quinziesme. Signé, LOVIS. Et sur le reply, Par le Roy. DE GVENEGAVD.

Registrées en la Cour des Aydes, oüy le Procureur general du Roy, pour ioüyr par l'Hospital general du droict de dix sols sur chacun muid de vin seulement, entrant en la ville & faux-bourgs de Paris, pendant trois années, à commencer du iour de l'Arrest de verification des presentes Lettres, suiuant & aux charges portées par l'Arrest du iourd'huy. Donné à Paris en ladite Cour des Aydes, le trentiesme iour de Mars mil six cent cinquante-huit. Signé par collation, Pro Deo, *& plus bas,* DV MOVLIN, *Pour Dieu.*

Du 30. Mars 1658.

Arrest de verification de la Cour des Aydes, des vingt sols sur l'Entrée du vin, auec modification. Du 30. Mars 1658.

Extraict des Registres de la Cour des Aydes.

VEV par la Cour les Lettres Patentes du Roy, en forme de Declaration, données à Paris le onziesme Feurier, mil six cent cinquante-huit, signées LOVIS, & sur le reply, DE GVENEGAVD, & seellées du grand Seau de cire iaune; par lesquelles, & pour les causes y contenuës, sa Maiesté ayant mis l'affaire en deliberation en son Conseil, de l'aduis d'iceluy, & de sa certaine science, pleine puissance, & authorité Royale, declare, ordonne, veut, & luy plaist, qu'il soit imposé, pendant trois années consecutiues, par augmentation, au profit de l'Hospital general des Pauures de cette ville de Paris, & par forme d'aumosne vniuerselle, & contribution publique, pieuse & charitable, à commencer du iour de la publication desdites Lettres, le droict de vingt sols sur chacun muid de vin, que l'on fera entrer en la ville & faux-bourgs de Paris, tant par eauë que par terre; laquelle contribution sera payée par toutes sortes de personnes, exempts & non exempts, non-

nonobstant tous priuileges ; à quoy sadite Majesté desroge pour ce regard ; le tout suiuant que plus au long est contenu ausdites Lettres, addressantes à la Cour, pour l'enregistrement & verification d'icelles. Requestes des Religieux Carmes de la Place-Maubert, Carmes des Billettes, Carmes Deschaussez de cette ville & faux-bourgs de Paris, & de Charenton : Religieux Augustins du grand Conuent, Augustins du faux-bourg Sainct-Germain, & Augustins Deschaussez de cette dite Ville : Religieux Iacobins du grand Conuent, Iacobins du faux-bourg Sainct-Germain, & Iacobins du faux-bourg Sainct Honoré : Religieux Cordeliers du grand Conuent de cette ville & faux-bourgs de Paris : Religieux Minimes de la mesme Ville, & de Nigeon & Vincennes, tous Ordres Mandians ; à ce que pour les causes y contenuës, il pleust à la Cour, entant que besoin estoit, ou seroit, les receuoir opposans à la verification & enregistrement de ladite Declaration, qui attribuë vingt sols sur chacun muid de vin entrant en cette ville & banlieuë de Paris, au profit de l'Hospital general des Pauures ; à ce que l'on s'en voudroit preualoir & seruir, à l'esgard desdits Religieux, pour les vins de leur vsage & prouision. Faisant droit sur ladite opposition, ordonne que les Declarations du Roy, concernans l'establissement de leurs priuileges, & exemptions verifiées en ladite Cour, seroient executées selon leur forme & teneur : Ce faisant, que lesdits Religieux ioüyroient du droit qu'ils ont de faire venir & entrer en cette ville & banlieuë de Paris, les vins necessaires pour leurs vsages & prouision, sans payer aucuns droicts, ny mesme celuy de vingt sols, nouuellement attribué au profit dudit Hospital general, par ladite Declaration ; auec defenses à toutes personnes de les empescher en la traite, conduite & passage de leurs vins, à peine de tous despens, dommages, & interests. Autre Requeste des Peres de la Doctrine Chrestienne, des Maisons de Sainct Charles & de S. Iulien de cette ville de Paris ; à ce qu'il pleust à ladite Cour, en procedant à la verification de l'Edit pour l'establissement du nouuel impost de vingt sols pour chacun muid de vin, entrant en cette ville de Paris, en faueur du grand Hospital, faire droit aux Supplians sur leur opposition ; ce faisant, les conseruer & maintenir en leurs franchises & exemption, suiuant les Lettres du mois de Ianuier mil six cent cinquante-quatre, verifiées en ladite Cour, le deuxiesme Septembre ensuiuant, qui leur ont esté aumosnées, suiuant & conformément à ce qui a esté accordé à tous les Mandians de cette ville de Paris ; & ce, pour la quantité de quarante muids de vin, pour la maison desdits Peres de la Doctrine Chrestienne du faux-bourg Sainct Marcel, & vingt muids pour celle de Sainct Iulien de

Paris, par chacun an ; auec defenſes de leur donner aucun trouble ny empeſchement, ſpecialement aux Commis eſtablis aux portes de cette Ville. Autre Requeſte des Peres Ieſuites de la Maiſon profeſſe de Sainct Loüis de cette ville de Paris, des Peres Ieſuites du College de Clermont de la meſme Ville, des Peres Ieſuites de la Maiſon du Nouiciat ; à ce qu'il pleuſt à la Cour, faiſant droit ſur leur oppoſition, par eux formée, à l'enregiſtrement de la Declaration du Roy, portant augmentation des droicts d'Entrée de vingt ſols, pour chacun muid de vin, qui entre dans les faux-bourgs & ville de Paris, au profit du grand Hoſpital : Ordonne que ledit enregiſtrement ne pourra eſtre fait, ſinon à la charge de l'exemption deſdits Peres Ieſuites ; & que le vin de la prouiſion de leurs Maiſons demeureroit exempt deſdits vingt ſols, auſſi bien que des autres droicts, en conſequence de leurs Lettres Patentes, portant exemption, deuëment verifiées en la Cour. Copie de pluſieurs Lettres Patentes, Arreſts de verifications d'icelles, de ladite Cour ; & autres Pieces, attachées auſdites Requeſtes. Arreſt de la Cour, du onzieſme Mars mil ſix cent cinquante-huit, portant qu'à la diligence du Procureur general, leſdites Lettres du onzieſme Feurier dernier, ſeroient communiquées aux Fermiers des Entrées de la ville de Paris, tant anciens que nouueaux : Significations faites deſdites Lettres, &

responses desdits Fermiers, Conclusions dudit Procureur general, tout consideré : LA COVR a ordonné & ordonne lesdites Lettres estre registrées au Greffe d'icelle, pour iouÿr par ledit Hospital general, du droict de dix sols sur chacun muid de vin seulement entrant en la ville & faux-bourgs de Paris, pendant trois années, à commencer du iour du present Arrest; à la charge que ledit droict ne pourra estre employé à autre effet qu'à l'entretenement dudit Hospital general: Ce faisant, que les deniers en prouenans seront receus par les commis & preposez par les Administrateurs d'iceluy, sans que les Fermiers des Entrées puissent s'immiscer en la perception & leuée dudit droict de dix sols, sinon du consentement desdits Administrateurs, qui auront la liberté d'affermer ledit droict, & en passer Bail à telles personnes qu'ils iugeront estre à faire par raison : Que lesdits dix sols ne pourront estre reputez deniers Royaux, ny suiets à aucune taxe, diminution, ny augmentation; mesme du droict de parisis, attendu leur destination; & sans que les redeuables dudit droict puissent estre contraints par corps au payement d'iceluy; lequel sera leué ainsi que les autres droicts d'Entrée, suiuant & conformément aux Ordonnances, Arrests & Reglemens de la Cour : Et lesdites trois années expirées, ledit droict demeurera esteint & supprimé, sans que la leuée en puisse estre continuée, pour quelque cause, & sous quelque pretexte que ce soit; & à cét effet, que les Administrateurs dudit Hospital seront tenus à la fin de chacune année, de mettre au Greffe de la Cour vn estat, par eux certifié veritable, du reuenu dudit Hospital general, & recepte annuelle qui en aura esté faite. Ordonne en outre, que le Roy sera tres-humblement supplié, de destiner le tiers des reuenus des Maladeries & Hospitaux de ce Royaume, où il n'y a point de pauures & malades, pour la subsistance & entretien dudit Hospital general : Et ayant aucunement esgard aux Requestes presentées par les Religieux Carmes de la Place-Maubert, Carmes des Billettes, Carmes Deschaux de cette ville & faux-bourgs de Paris, & de Charenton: Religieux Augustins du grand Conuent, Augustins du faux-bourg Sainct Germain, & Augustins Deschaussez de cette Ville: Religieux Iacobins du grand Conuent, Iacobins du faux-bourg S. Germain, & du faux-bourg S. Honoré : Religieux Cordeliers du grand Conuent de cette ville & faux-bourgs de Paris : Religieux Minimes de ladite Ville, & de Nigeon, & Vincennes: les Peres de la Doctrine Chrestienne, des Maisons de Sainct Charles & de Sainct Iulien de cette ville de Paris : Les Peres Iesuites de la Maison professe de Sainct Loüis, de la mesme ville de Paris, Peres Iesuites du College de Clermont aussi de la mesme Ville, & les Peres Iesuites du Nouiciat du faux-bourg Sainct Germain, & toutes autres Communautez Religieuses de de ladite ville de Paris, qui ont obtenu Lettres Patentes du Roy, bien & deuëment verifiées en la Cour, portans exemption du droict d'Entrée du vin, pour la prouision de leur Maison, ioüyront de l'exemption des droicts d'Entrée du vin, ainsi qu'ils en ont cy-deuant bien & deuëment ioüy, ioüyssent & vsent encores à present, suiuant & conformément aux Declarations du Roy, & Arrests de verification d'icelles, de ladite Cour; mesme dudit droict de dix sols pour muid de vin, entrant en ladite ville & faux-bourgs de Paris. PRONONCE' le trentiesme Mars, mil six cent cinquante-huit. Signé par collation, Pour Dieu. Et plus bas, DV MOVLIN, Pour Dieu.

Cotté cent quarante-vn.

Du 5 Auril 1658.

Iussion du Roy à la Cour des Aydes, pour leuer les modifications. Du cinquiesme Auril 1658.

LOVIS *par la grace de Dieu Roy de France & de Nauarre, A nos amez & feaux Conseillers les Gens tenans nostre Cour des Aydes à Paris, Salut: Par nos Lettres Patentes en forme de Declaration, du onziesme Feurier dernier, à vous addressantes, Nous auons, & pour les considerations y contenuës, ordonné qu'il sera imposé, pendant trois années consecutiues, par augmentation, au profit de l'Hospital general de l'enfermement des Pauures, de nostre bonne ville de Paris, dont nous nous sommes declarez Fondateurs & Protecteurs, & par forme d'aumosne vniuerselle, & contribution publique, pieuse & charitable, à commencer du iour de la publication de nosdites Lettres, vingt sols sur chacun muid de vin que l'on fera entrer en ladite ville & faux-bourgs de Paris, tant par eauë que par terre; laquelle imposition sera payée par toutes sortes de personnes, exempts & non exempts, nonobstant tous priuileges, ausquels nous auons desrogé pour ce regard, pour estre les deniers employez & conuertis à la subsistance quotidienne dudit Hospital general, ainsi qu'il est plus au long contenu par lesdites Lettres: Lesquelles vous ayant esté presentées, à l'effet de l'enregistrement & verification d'icelles, vous auez par vostre Arrest du vingtiesme Mars ensuiuant, interuenu sur les oppositions formées audit enregistrement, tant par nos Fermiers des Entrées de ladite Ville & Faux-bourgs, qu'autres pretendus priuilegiez; ordonné nosdites Lettres estre registrées au Greffe de nostredite Cour, pour ioüyr par ledit Hospital general du droict de dix sols sur chacun muid de vin seulement, auec plusieurs autres modifications, restrictions, & conditions y contenuës: Et entre autres, que les Communautez Religieuses de ladite ville de Paris, qui ont obtenu des Lettres Patentes de Nous, bien & deuëment verifiées en nostredite Cour, portant* exemption du droict d'Entrée du vin, pour la prouision de leurs Maisons, ioüyront de l'exemption des droicts d'Entrée du vin, ainsi qu'ils en ont cy-deuant bien & deuëment ioüy, ioüyssent & vsent encores à present, suiuant & conformément à nos Declarations & Arrests de verification d'icelles, de nostredite Cour; mesme dudit droict de dix sols sur muid de vin, entrant en ladite ville & faux-bourgs de Paris. Ce qui est contraire à nostre intention, laquelle a esté d'asseurer la subsistance dudit Hospital general, par la voye que nous auons iugée la plus raisonnable dans l'estat present de nos affaires, & dans la necessité où nous nous sommes trouuez, de pouruoir à ladite subsistance; autant pour rendre l'entreprise solide que pour en preuenir la cheute & la ruine, & pour conuier tous nos Subiets, à nostre exemple, d'y faire affluer leurs charitez; ayant de plus consideré dans l'execution de la proposition de cét expedient, qu'il ne pouuoit estre à charge au public, ny aux particuliers, en veuë du grand bien qui resulte vniuersellement dudit establissement, & à la destination des deniers prouenans dudit droict de vingt sols; dont la leuée est d'autant plus fauorable & priuilegiée, qu'il est de notorieté, que ledit Hospital general ne peut subsister que par le moyen de ce secours extraordinaire; & que par le manquement de sa subsistance, il arriueroit vne cheute de ce grand Oeuure, qui seroit irreparable & sans remede, à nostre grand desplaisir, & des gens de bien. A CES CAVSES, desirant faire ressentir audit Hospital general, des bons & efficaces effets de nostre Fondation & Protection, conformément

ausdites

aufdites Lettres de Declaration, en attendant que nous peuſſions par d'autres moyens luy eſtablir vne plus grande & plus ſolide ſubſiſtance : Et aprés auoir fait examiner à noſtre Conſeil voſtredit Arreſt, cy-attaché ſoubs le contreſeel de noſtre Chancellerie; de l'aduis d'iceluy, Nous vous mandons, & tres-expreſſément enioignons par ces Preſentes, ſignées de noſtre main, qui vous ſeruiront de derniere & finale Juſſion, ſans vous arreſter à voſtredit Arreſt, du trentieſme Mars dernier, modifications & reſtrictions, & autres charges & conditions y contenuës, ny aux motifs que vous pouuez auoir eu pour deliberer, ſuiuant iceluy; vous ayez à proceder inceſſamment à la verification & enregiſtrement pur & ſimple de noſdites Lettres de Declaration, du onzieſme Feurier dernier, ſelon leur forme & teneur: Pour ioüyr par ledit Hoſpital general, des vingt ſols ſur chacun muid de vin, entrant en noſtredite ville & faux-bourgs de Paris; & eſtre l'impoſition & leuée, faite par augmentation, des droicts qui ſe leuent ſurledit vin, en la forme & maniere portée par noſdites Lettres; meſmes ſur les exempts & non exempts, à la reſerue des vins deſtinez pour la prouiſion des Religieux Mandians; pour raiſon dequoy, ils ioüyront de leurs priuileges; & les deniers receus par nos Fermiers des Entrées, & payez par eux au Receueur general dudit Hoſpital, de quartier en quartier, ſuiuant le fonds qui en ſera employé dans les eſtats de noſtredite Ferme, qui ſeront arreſtez en noſtre Conſeil, ſans plus apporter de longueur, refus, reſtriction, modification, ny difficulté: Enioignons à noſtre Procureur general, de fai-

re pardeuant vous, pour l'execution des Presentes; toutes les requisitions, poursuites, & diligences necessaires: CAR *tel est nostre plaisir. Donné à Paris le cinquiesme iour d'Auril, l'an de grace mil six cent cinquante-huit, & de nostre Regne le quinziesme. Ainsi signé,* LOVIS: *Et plus bas, Par le Roy,* DE GVENEGAVD. *& en suite est escrit:*

Leuës, publiées, registrées, du tres-exprés commandement du Roy, porté par Monsieur le Prince de Conty, assisté du sieur Mareschal de Villeroy, & des sieurs Daligre & de Vertamont Conseillers du Roy en ses Conseils; oüy, & ce consentant son Procureur general, pour estre executées selon leur forme & teneur; & ordonné que copie collationnée à l'original sera enuoyée en l'Eslection de Paris, pour y estre pareillement leuë, publiée, & registrée: Enioint au Substitud du Procureur general du Roy, d'y tenir la main, & verifier de ses diligences au mois. A Paris, en la Cour des Aydes, les Chambres assemblées, le sixiesme iour d'Auril, mil six cent cinquante-huit. Signé par collation, Pro Deo, *& plus bas,* DV-MOVLIN.

Du 16. Iuillet 1658.

Enregistrement de l'Edit du Roy aux Eauës & Forests, Du 16. Iuillet 1658.

LES Grands-maistres Enquesteurs generaux, Reformateurs des Eauës & Forests de France, au Siege general de la Table de Marbre du Palais à Paris; A tous ceux qui ces presentes Lettres verront, Salut: Sçauoir faisons, Que veu les Lettres Patentes du Roy, en forme d'Edit, données à Paris, le 27. iour d'Auril mil six cent cinquante-six, signées LOVIS, & plus bas; Par le Roy, DE GVENEGAVD, & seellées du grand Seau de cire verte; par lesquelles, pour les causes & considerations y contenuës, Sa Maiesté auroit ordonné que les Pauures mandians, valides & inualides, de l'vn & l'autre sexe, de cette ville & faux-bourgs de Paris, seroient enfermez dans l'Hospital general, pour estre employez, selon leur pouuoir, aux ouurages, manufactures, & autres trauaux, soubs la direction & conduite des Directeurs, par ledit Seigneur Roy choisis & nommez; & conformément au Reglement attaché soubs le contreseel desdites Lettres, ainsi que plus au long est porté par icelles. Arrest de la Cour de Parlement, du premier Septembre mil six cent cinquante-six, portant entre-autres choses, que lesdites Lettres seroient registrées, pour estre executées selon leur forme & teneur; & autres pieces : Conclusions du Procureur general du Roy en cette Cour, tout consideré : Dit a esté, Que lesdites Lettres, ensemble l'Arrest de la Cour de Parlement, de verification d'icelles, seront registrées au Greffe d'icelle Cour, pour estre executées selon leur forme & teneur; à la charge, qu'il sera seulement departy sur les ventes ordinaires des Forests de l'Isle de France, les plus proches & commodes, deux cent cordes de bois, & deux milliers de cotterets, pour le chauffage dudit Hospital general, faisans le tiers de six cent cordes & six milliers de cotterets, mentionnez esdites Lettres, & le surplus sur les Forests de Normandie; attendu que les Forests sont en plus grand nombre, & de plus grande estenduë dans ladite Prouince; le tout suiuant la possibilité desdites Forests: & sans que lesdites Ventes puissent estre augmentées, ny plus grand nombre de bois couppé, conformément audit Edit & Arrest de verification; & ce, pour six années seulement; sauf à continuer le fonds qui en sera fait, si tant dure la necessité dudit Hospital; sans que ledit Hospital puisse rien prendre sur les amendes, confiscations, & restitutions des eauës & forests; le fonds en estant destiné par les Ordonnances & les Arrests rendus en consequence. Donné audit Siege, soubs le Seel y ordonné, le seiziesme iour de Iuillet, mil six cent cinquante-huit.

Signé, CHAVDVN.

Du 11. Aoust 1659.

Enregistrement de l'Edit du Roy, au Bureau des Finances. Du 11. Aoust 1659.

LEs Presidens, Tresoriers de France, Generaux des Finances, & grands Voyers en la Generalité de Paris. Veu les Lettres Patentes du Roy, en forme de Charte, données à Paris, au mois d'Auril, de l'année mil six cent cinquante-six, signées LOVIS, & plus bas, Par le Roy, DE GVENEGAVD; & seellées de cire verte, en laqs de soye rouge & verte; Par lesquelles, pour les causes & considerations y contenuës, sa Maiesté auroit ordonné, que les Pauures mandians, valides & inualides, de l'vn & l'autre sexe, de cette ville & faux-bourgs de Paris, seroient enfermez, pour estre instruits & occupez à diuers ouurages & manufactures, suiuant le Reglement pour ce fait, & attaché soubs le contreseel desdites Lettres, que sadite Maiesté veut estre gardé & obserué : Et pour y paruenir, Elle auroit par lesdites Lettres reüny les Maisons & Hospitaux de la grande & petite Pitié, & du Refuge, scis au faux-bourg Sainct Victor, ceux de Scipion, & de la Sauonnerie, & fait don ausdits Pauures de la maison de Bisextre, & lieux en dépendans; Tous lesquels ensemble composans ledit Hospital, Sa Maiesté veut estre nommez l'Hospital general, censé & reputé de Fondation Royale, & qu'ils soient & demeurent admortis, en vertu desdites Lettres; ensemble les maisons & heritages qui pourront escheoir à l'aduenir audit Hospital general, par donation, eschange, ou autrement: Et pour ayder à la subsistance des Pauures, sa Maiesté leur auroit accordé des priuileges & exemptions, & fait don de plusieurs droicts, comme d'vn quart sur les amendes & condemnations d'aumosnes, d'vn droict sur les Officiers en toutes Iurisdictions, sans toutesfois y comprendre les Officiers des Cours Souueraines: auroit permis aux Directeurs establis & nommez par lesdites Lettres, pour regir & administrer ledit Hospital general, d'acquerir tous biens en fief ou roture; mesme du Domaine de sa Maiesté: Comme aussi de prendre des terres de proche en proche, pour la necessité & commodité dudit Hospital general, en payant la iuste valeur, suiuant l'estimation; mesme de faire faire voulte & arcades au dessus & au dessous les ruës & ruelles, ausquelles les maisons dépendantes dudit Hospital, seront adiacentes; comme aussi de faire construire volets & colombiers à pied, moulins à vent & à eauë, en l'estenduë dudit Hospital general, membres & lieux d'iceluy: Leur auroit accordé pareillement la permission de prendre des eauës des fontaines de Rongis, iusques à la quantité qu'ils iugeroient necessaire: Comme aussi sa Maiesté auroit permis ausdits Directeurs de faire fabriquer en l'estenduë dudit Hospital general toutes sortes de manufactures, les faire vendre & debiter, sans payer le droict de sol pour liure, ny droict d'Aydes; affranchissant ledit Hospital de tous subsides & droicts d'Entrées, tant en cette Ville qu'ailleurs, par eauë & par terre, des ponts, ports, peages, & octroys des Villes, barrages, ponts & passages, mis & à mettre, pour les viures & prouiſions dudit Hoſpital ; meſme pour le vin, iuſques à la quantité de mil muids par chacun an; le bois tant à bruſler qu'à baſtir, charbon, foin, cendres, & autres denrées, pour la neceſſité dudit Hoſpital:Luy auroit auſſi fait don ſa Maieſté du droict de franc-ſallé pour ſa prouiſion, iuſques à la quantité de quatre muids de ſel par chacun an, à prendre au Grenier de cette Ville, ſans pour ce payer autre choſe que le prix du Marchand : Comme auſſi permis de prendre la quantité de ſix cent cordes de bois, & ſix milliers de cotterets, par chacun an, dans ſes Foreſts de l'Iſle de France & de Normandie, les plus proches & commodes que faire ſe pourra : Deſchargeant ledit Hoſpital de toutes contributions publiques, bouës, paué, & autres : Auroit meſme exempté ledit Hoſpital general, membres & lieux en dépendans, des logemens & paſſages, Aydes & contributions, des gens de guerre : Faiſant ſa Maieſté defenſes à tous Habitans, Aſſeeurs & Collecteurs des Parroiſſes, & tous autres, de taxer ou impoſer aux Roolles des Tailles, Taillon, Subſiſtances, ny d'autres deniers ordinaires ou extraordinaires, les Fermiers, Sous-Fermiers, Receueurs, ou Commis dudit Hoſpital general : Mais qu'où ils ſeroient contribuables, ils ſeroient taxez d'office, eu eſgard à leurs biens propres, ſans y conſiderer les biens qu'ils tiendroient à ferme de l'Hoſpital general, ainſi qu'il est plus au long declaré par lesdites Lettres, à nous addressantes : Mandant sa Maiesté de faire icelles registrer, & de tous droicts d'admortissemens, francs-fiefs, & nouueaux acquests, & dons de droicts à elle deubs, faire ioüyr & vser ledit Hospital general, faisant cesser tous troubles & empeschemens : Conclusions du Procureur du Roy, & tout consideré ; Novs auons ordonné lesdites Lettres, ensemble le Reglement, attaché soubs le contreseel d'icelles, estre registrées és Registres de cette Generalité, pour ioüyr par ledit Hospital general de l'effet & contenu esdites Lettres selon leur forme & teneur ; à la charge que lesdits Directeurs rapporteront dans trois mois au Greffe de ce Bureau vne declaration signée de six au moins, des maisons, terres, & autres biens situez en cette Generalité, & dépendans de l'Hospital general ; & continuëront par chacun an, de fournir pareille declaration des maisons & heritages qui seront escheus audit Hospital par donation, eschange, ou autrement, pour estre registré en ce Bureau : Et à l'esgard des bastimens & closture qu'il fera necessaire de construire pour la commodité & accroissement dudit Hospital ; les allignemens en seront donnez par ceux de nous à ce commis. Il ne sera fait aucune leuée ny cottisation, soubs pretexte de charité & subsistance des Pauures, qu'en vertu de Lettres Patentes, obtenuës specialement à cét effet,

effet, en connoissance de cause, & deuëment registrées en ce Bureau; pour en consequence de nos Ordonnances, proceder à ladite leuée, si faire se doit; & en cas de cottisation, elle sera faite par les Commissaires de ce Bureau à ce deputez: Ioüyra ledit Hospital de la portion des amendes & confiscations, conformément aux Lettres, rapportant au Greffe tous les ans vne declaration, deuëment verifiée, de ce qui en sera receu, aux Pauures. Les Officiers qui doiuent estre receus en ce Bureau, seront inuitez de faire quelque charité, en faueur de leur reception, sans qu'ils y puissent estre contraints. Ne pourront les Directeurs prendre, ny s'approprier aucunes terres ny heritages de leurs voisins, qu'à l'amiable; & en cas de refus ou contestations, qu'au prealable descente n'ayt esté faite par l'vn de nous, pour la prisée & estimation estre arbitrée en sa presence, par Experts nommez d'office, & le remboursement fait, suiuant nos Ordonnances: Il ne sera fait par eux aucunes voûtes ny arcades au dessus ny au dessous de ruës ou ruelles, que par la permission du Bureau, descente & visitation prealablément faite: Ne pourront aussi faire construire aucuns Moulins à vent ou à eauë, que par l'ordre du Bureau, auquel ils se pouruoyront à cét effet. Ne feront conduire aucunes eauës pour l'vsage de l'Hospital, ny ouurir tranchées pour aqueducs & chasteaux-d'eau, qu'aprés auoir pris les allignemens de ceux de nous à ce deputez. Iouyra ledit Hospital de l'exemption des droicts de peages, ponts, passages, & autres, esnoncez és Lettres ; mesme du droict de barrage, sans tirer à consequence : La concession de l'entrée franche pour mil muids de vin aura lieu, sans que les Fermiers establis aux Entrées depuis l'obtention desdites Lettres, puissent pretendre aucune diminution ny desdommagement pour raison de cét octroy. Ioüyra pareillement du droict de franc-sallé, iusques à la concurrence de quatre muids de sel, conformément aux Lettres. MANDANT à cét effet, aux Officiers du Grenier à sel de Paris, leur en faire faire la deliurance par chacun an, sans qu'il en puisse estre mes-vsé, à peine de descheance : Pourront aussi lesdits Directeurs prendre l'vsage & chauffage de l'Hospital dans les Forests de sa Maiesté, iusques à la quantité accordée, rapportant au Greffe annuellement vn estat certifié des lieux où ils auront pris ledit chauffage. Les Fermiers & biens-tenans dudit Hospital, contribuables aux Tailles, ne seront taxez ny cottisez à l'ordinaire par les Collecteurs des Parroisses, ains le seront d'office, conformément aux Lettres, par ceux de nous qui presideront au departement ; & en nostre absence, par les Esleus, ausquels MANDONS de ce faire, eu égard seulement à l'industrie, & aux biens appartenans en propre ausdits Fermiers, dont sera fait roolle tous les ans, qui sera certifié & rapporté au Greffe: Comme aussi rapporteront lesdits Directeurs par chacun an au Greffe de ce Bureau, vn roolle des Pauures, Officiers & domestiques qui se trouueront audit Hospital, & és maisons qui dépendent d'iceluy. FAIT au Bureau des Finances à Paris, le onziesme iour d'Aoust mil six cent cinquante-neuf. Signé par collation, FORNIER, HACHETTE, BELIN, DELEGRIT, & plus bas, Par mesdits sieurs SENSIER. *Pro Deo.*

Arrest de la Cour de Parlement, du 20. Aoust 1659. contre Michel Truffault Soldat estropié.

Du 10. Aoust 1659.

Extraict des Registres de Parlement.

VEV par la Cour le procés criminel, fait par le Bailly du Chapitre de l'Eglise de Paris, à la requeste des Directeurs de l'Hospital general, demandeurs & accusateurs, le Procureur fiscal ioint; contre Michel Trufault Soldat estropié, natif de Turqueuille en Normandie, defendeur, accusé, prisonnier és prisons de la Conciergerie du Palais, appellant de la Sentence contre luy renduë, le 23. Iuillet 1659. par laquelle ledit Trufault auroit esté déclaré deuëment atteint & conuaincu d'auoir excité, de complot fait auec trois autres Soldats, huit Seditions dans les ruës de Paris, auec armes contre les Archers de l'Hospital general, les auroit fait espier, & attiré de guet-à-pens de l'Hostel de Guise & l'Hostel d'Angoulesme, lieu choisy pour embusches ; & là d'auoir crié aux portes des grandes Maisons, main-forte, & fait sortir d'icelles plusieurs laquais, & autres gens affidez, pour outrager & exceder lesdits Archers, & d'auoir par ces moyens esté cause du meurtre commis audit lieu par lesdits laquais, en la personne du nommé Francœur l'vn desdits Archers ; pour reparation, auroit esté condamné d'estre pendu & estranglé à vne potence, qui pour cét effet seroit plantée au lieu où ledit meurtre auroit esté commis, ayant deux escriteaux deuant & derriere, où seroient escrits ces mots : *Seditieux coustumier contre les Archers de l'Hospital general*, son corps mort porté aux fourches patibulaires des Sieurs du Chapitre, ses biens acquis & confisquez à qui il appartiendroit ; & le nommé Lespine, & deux autres Soldats, seroient pris au corps ; ensemble les quidam laquais & autres qui ont fait ladite sedition, si pris & apprehendez pouuoient estre ; sinon criez à trois briefs iours, & le Iugement leu, publié à son de Trompe, & affiché dans les Carrefours & lieux publics de ladite Ville, attendu qu'il s'agit de Police : Et oüy & interrogé en ladite Cour ledit accusé, sur la cause d'appel, & cas à luy imposez, tout consideré : DIT A ESTE, que ladite Cour a mis & met l'appellation & Sentence, de laquelle il a esté appellé, au neant; émendant pour reparation des cas mentionnez au procés, a condamné & condamne ledit Trufault à estre battu & fustigé nud de verges, tant au deuant de la Conciergerie, sur le Pont Sainct Michel, Place-Maubert, qu'autres carrefours du Bailliage de la Barre du Chapitre, à son de Tambour; & à l'vn d'iceux marqué d'vne fleur-de-lys de fer chaud, sur l'espaule dextre, ayant deux escriteaux pendans au col, deuant & derriere, contenant ces mots, *Seditieux coustumier contre les Archers de l'Hospital general;* ce fait, l'a banny & bannit pour neuf ans de la Ville, Preuosté & Vicomté de Paris, luy enioint garder son ban, luy fait defenses de recidiuer, à peine de la hart. ORDONNE que les Ordonnances, Reglemens, & Arrests donnez pour le regard des Pauures mandians seront executez selon leur forme & teneur; & suiuant iceux, defenses à toutes personnes, de quelque qualité & condition qu'ils soient, Soldats ou autres, valides & inualides, de demander dans la ville & faux-bourgs de Paris, publiquement ou en secret, à peine du foüet contre les contreuenans, pour la premiere fois, & pour la seconde des galeres ; & de mandier auec espée ou autres armes, à peine de la vie ; & ausdits Soldats, & tous autres, de meffaire ny mesdire aux Archers dudit Hospital general, sur la mesme peine. Sera le decret decerné contre les nommez Lespine, & autres, executé, & le procés à eux fait & parfait par ledit Bailly de la Barre du Chapitre, iusques à Sentence diffinitiue inclusiuement, sauf l'execution, s'il en est appellé ; & pour l'execution du present Arrest, ladite Cour a renuoyé & renuoye ledit Trufault prisonnier pardeuant ledit Bailly de la Barre du Chapitre, qui fera publier & afficher ledit Arrest par les Carrefours & places publiques de cette ville de Paris. FAIT en Parlement le vingtiesme Aoust mil six cent cinquante-neuf.

Signé, BOVCHARDEAV.

Arrest de la Cour de Parlement, du 6. Septembre 1659. par lequel il est ordonné que le grand Bureau des Pauures sera tenu receuoir les pauures femmes grosses, qui seront atteintes du mal venerien.

Du 6. Septembre 1659.

Extraict des Registres de Parlement.

VEV par la Cour la Requeste presentée par le Procureur general du Roy, contenant qu'il est besoin de pouruoir de lieu où seroient mises les personnes qui sont atteintes du mal venerien; dautant que par l'article sixiesme du Reglement de l'Hospital general il est dit, que les malades du mal venerien ne pourront estre receus audit Hospital general; & que les Administrateurs du grand Bureau des Pauures font refus de receuoir les femmes grosses qui se presentent, atteintes dudit mal, parce qu'on ne peut faire les grands remedes, à cause du grand peril où seroit leur fruict, ny ceux & celles qui n'ont que les approches dudit mal; & par leur Reglement ils ne doiuent receuoir que deux des malades de cette qualité par chaque iour de Bureau, qui est quatre par semaine; pourquoy il est necessaire d'y pouruoir: A ces causes, requeroit ledit Suppliant estre ordonné, que ledit grand Bureau des Pauures seroit tenu de receuoir les femmes grosses, qui se trouueront atteintes dudit mal venerien, pour les faire penser par les remedes doux, iusques à leur accouchement; comme aussi de receuoir ceux & celles qui n'auront que les approches dudit mal venerien, afin d'empescher le mal de leur communication, & de receuoir tous ceux & celles qui se presenteront, sur les billets des Administrateurs de l'Hospital general; que le Reglement d'iceluy sera executé, sans preiudice de l'execution de celuy du grand Bureau en autres choses; ladite Requeste signée du Suppliant, oüy le rapport de Mre Charles de Saueuses Conseiller, tout consideré : LADITE COVR a ordonné & ordonne, que ledit grand Bureau des Pauures sera tenu receuoir les femmes grosses, qui se trouueront atteintes dudit mal venerien, pour les faire penser par les remedes doux, iusques à leur accouchement; comme aussi ceux & celles qui n'auroient que les approches dudit mal, afin d'empescher le peril de leur communication, & qui se presenteront, sur les billets des Administrateurs dudit Hospital general; & sera le Reglement d'iceluy executé, sans preiudice de l'execution de celuy du grand Bureau en autres choses. FAIT en Parlement le 6. Septembre 1659.

Arrest

Arrest de la Cour de Parlement, du 6. Septembre 1659. portant la Taxe, que chacun Officier, Marchand, Artisan, & autres, seront tenus payer à leur reception, en faueur de l'Hospital general.

Du 6. Septembre 1659.

Extraict des Registres de Parlement.

VEv par la Cour la Requeste presentée par le Procureur general du Roy, contenant; Que par la Declaration du Roy d'Establissement de l'Hospital general, de cette ville & fauxbourgs de Paris, du mois d'Auril mil six cent cinquante-six, verifiée en la Cour; il est entre autres choses porté, que les Officiers, les Maistres, & les Apprentifs payeront, lors de leurs receptions, vne somme au profit dudit Hospital general; lequel article est executé par les Officiers qui se reçoiuent en la Cour; mais il n'y en a point encor eu d'execution pour les Officiers de Police, ny pour les Maistres & Apprentifs des Corps & Communautez: A CES CAVSES, requeroit ledit Suppliant estre ordonné, que chacun Officier de Police, chacun Maistre des six Corps, chacun Marchand de vins, chacun Vendeur, Mesureur, Porteur de Grains,

Charbon, & autres, payera la somme de dix liures, au profit de l'Hospital general, lors qu'il sera receu Officier ou Maistre : Et chacun Apprentif des six Corps, & Marchands de vins, payera la somme de trois liures lors de son Breuet d'apprentissage. Que chacun Maistre des autres Corps & Communautez, & de tous Arts & Mestiers, sans aucune exception, payera la somme de trois liures lors de sa Maistrise ; & chacun Apprentif desdits Corps & Communautez, Arts & Mestiers, la somme de vingt sols, lors de son Breuet d'apprentissage, en quelque lieu que se fassent les receptions, Maistrises, & Apprentifs, soit directement pardeuant le Lieutenant Ciuil, soit pardeuant le Substitud du Suppliant, en l'Hostel de Ville, & pardeuant les Officiers du Bailliage Sainct Germain des Prez, ou autres de la ville & faux-bourgs de Paris. Que les receptions ne pourront estre faites, ny les Maistrises & Breuets d'apprentissage registrez, qu'en apportant la quittance du Receueur general dudit Hospital general. Enioint à tous les Officiers d'y tenir la main, & à tous Maistres & Gardes, Syndics & Iurez, de veiller à l'execution du present Arrest, à peine d'en respondre en leurs propres & priuez noms ; & que l'Arrest qui interuiendroit seroit leu, publié, registré, & affiché par tout où besoin seroit. Ladite Requeste signée du Suppliant, oüy le rapport de

Mᵉ Charles de Saueuse Conseiller du Roy en ladite Cour, tout consideré : LA COVR a ordonné & ordonne, que chacun Officier de Police, chacun Maistre des six Corps, chacun Marchand de vins, chacun Vendeur, Mesureur & Porteur de Grains, Charbon, & autres, payeront la somme de dix liures, au profit de l'Hospital general, lors qu'il sera receu Officier, ou Maistre ; & chacun Apprentif des six Corps, & des Marchands de vins, payera la somme de trois liures, lors ds son Breuet d'apprentissage. Que chacun Maistre des autres Corps & Communautez, & de tous Arts & Mestiers, sans aucune exception, payera la somme de trois liures lors de sa Maistrise ; & chacun Apprentif desdits Corps & Communautez, Arts & Mestiers, la somme de vingt sols, lors de son Breuet d'apprentissage, en quelque lieu que se fassent les receptions, Maistrises, & Apprentifs, soit directement pardeuant le Lieutenant Ciuil, soit pardeuant le Substitud du Suppliant, audit Hostel de Ville, ou pardeuant les Officiers du faux-bourg Sainct Germain des Prez, & autres de la ville & faux-bourgs de Paris. Ordonne que les receptions ne pourront estre faites, ny les Maistrises, ou Breuets d'apprentissage registrez, qu'en rapportant la quittance du Receueur dudit Hospital. Enioint à tous les Officiers d'y tenir la main, & à tous Maistres, Gardes & Iurez, de veiller à l'execution du present Arrest, à peine d'en respondre en leurs noms : Et sera le present Arrest leu, publié, & affiché par tout où besoin sera. FAIT en Parlement le sixiesme iour de Septembre mil six cent cinquante-neuf.

Signé, DV TILLET.

Du 27. Nouembre 1659.

Arrest de la Cour de Parlement, du 27. Nouembre 1659. portant defenses à toutes personnes de donner l'aumosne aux Mandians, & d'empescher les Archers de prendre & conduire les Pauures dans les Hospitaux.

Extraict des Registres de Parlement.

SVR la Remonstrance faite par le Procureur general du Roy, qu'au preiudice des Lettres de l'establissement de l'Hospital general, verifiée en la Cour, & des Arrests qui ont esté rendus en suite ; on voit dans les ruës de cette Ville plusieurs Mandians ; & entr'autres des Vagabonds valides ; ce qui prouient, tant de ce que plusieurs personnes, portez d'vne fausse compassion, donnent l'aumosne manuellement dans les ruës; au lieu, s'ils ont des charitez à faire, de les mettre dans les Troncs dudit Hospital: que de ce que les Archers preposez pour la capture des Pauures qui mandient, non seulement ne sont point secourus & protegez en leurs fonctions; mais mesme y sont troublez & empeschez par les frequentes rebellions qui leur sont faites par personnes de toutes qualitez: A quoy il est necessaire de promptement pouruoir; pource qu'autrement la Ville seroit incontinent remplie de Mandians, & l'Hospital qui est en grande necessité, priué de l'auantage qui doit prouenir des Troncs qu'on a remarqué depuis peu produire fort peu de chose, à cause des aumosnes qui se font ainsi manuellement à ceux ausquels on ne peut donner, & qui ne peuuent receuoir, qu'en contreuenant aux Edicts & Declarations du Roy, & Arrests; dont il requiert la Cour d'ordonner l'execution; auec defenses d'y contreuenir, sous les peines portées par lesdits Edicts, Declarations & Arrests; & autres plus grandes, s'il y eschet. LA COVR a ordonné & ordonne, que les Arrests rendus en icelle, les dix-huit Auril, deux Iuin, & Nouembre mil six cent cinquante-sept, seront executez selon leur forme & teneur: Et en ce faisant, a fait & fait iteratiues defenses à toutes personnes de quelque qualité & condition qu'elles soient, de donner l'aumosne manuellement aux Pauures dans les ruës, ny dans les Eglises, aux portes d'icelles, ny autres lieux, pour quelque cause, & sous quelque pretexte que ce soit, à peine de quatre liures parisis d'amende; au payement de laquelle, les contreuenans seront contraints sur le champ par corps, & sans déport, par le Bailly des Pauures, ses Brigadiers & Archers; ausquels elle enioint de ce faire, & d'en mettre à l'instant les deniers entre les mains du Receueur dudit Hospital general, pour subuenir aux necessitez d'iceluy: A fait & fait aussi tres-expresses inhibitions & defenses à tous Soldats; mesmes aux Bourgeois & Artisans de cette ville de Paris, & à toutes autres personnes, de quelque qualité qu'elles soient, de molester, iniurier, ny maltraiter ledit Bailly des Pauures, ses Brigadiers, & Archers, ny de leur apporter directement ou indirectement aucun empeschement en l'exercice & fonction de leurs charges. Enioint audit Bailly des Pauures, Brigadiers & Archers, d'emprisonner sur le champ les contreuenans ausdites defenses, s'ils les peuuent apprehender; sinon, dresser leurs Procés verbaux, & iceux enuoyer au Procureur general, ou à ses Substituts; pour sur les Conclusions estre incessamment decreté, & les coupables punis exemplairement, comme perturbateurs du repos public, suiuant la rigueur des Ordonnances. A ordonné & ordonne, que tous les Mandians valides sortiront incessamment de cette Ville & Faux-bourgs. Enioint aux Cheualier du Guet, Lieutenant Criminel de Robe-courte, Preuost de l'Isle, Commissaires du Chastelet, & autres Officiers, d'y tenir la main, à peine d'en respondre en leurs propres & priuez noms; mesmes aux Bourgeois d'y prester main-forte, s'ils en sont requis; & que le present Arrest sera publié à son de Trompe & Cry public, par les Carrefours de cette Ville, & affiché où besoin sera, à ce que personne n'en pretende cause d'ignorance. FAIT en Parlement, le vingt-septiesme iour de Nouembre mil six cent cinquante-neuf.

Signé, DV TILLET.

Arrest de la Cour de Parlement, du 5. Decembre 1659. qui permet aux Directeurs de l'Hospital, d'establir vne femme ou vne fille dans toutes les Parroisses de Paris, pour quester pour les Pauures de l'Hospital general. Du 5. Septembre 1659.

Extraict des Registres de la Cour de Parlement.

VEV par la Cour la Requeste presentée par les Directeurs de l'Hospital general, contenant, que la necessité en laquelle se trouue ledit Hospital, à cause du grand nombre de Pauures qu'ils ne peuuent refuser de receuoir, est si grande, qu'ils ont besoin de se seruir de tous les moyens legitimes qui leur peuuent apporter quelque secours; entre lesquels ils ont creu, que celuy de mettre vne Questeuse dans dans toutes les Parroisses de cette Ville & Faux-bourgs, qui toutes les Festes & Dimanches, suiuroit les bassins de l'Oeuure, pour cueillir les aumosnes de ceux qui auront volonté de donner aux Pauures, leur apporteroit quelque petit soulagement; & bien que par la Declaration verifiée en la Cour, portant l'establissement dudit Hospital general, ils ayent droit de mettre des Troncs en tous les lieux que bon leur sembleroit, & de faire des questes ordinaires & extraordinaires, la contribution desquelles estant purement volontaire, ne peut blesser personne; neantmoins ils ont estimé, que l'establissement d'vne Questeuse ordinaire en chacune Parroisse, estant appuyée de l'authorité d'vn Arrest, leur seroit beaucoup plus aduantageuse: A CES CAVSES, requeroient les Supplians, qu'il leur fust permis d'establir vne femme ou fille en chacune des Parroisses de cette ville & faux-bourgs de Paris, qui auec les bassins de l'Oeuure questeroit pour la necessité dudit Hospital general; auec deffenses à quelques personnes que ce soit, d'y apporter empeschement: VEV aussi les pieces attachées

chées à ladite Requeste, signée Ioüinet Procureur des Supplians ; oüy le rapport de Mre Iean Douiat Conseiller du Roy en ladite Cour, tout consideré : LADITE COVR ayant esgard à ladite Requeste, permet aux Supplians d'establir vne femme ou fille en chacune des Parroisses de cette ville & faux-bourgs de Paris ; laquelle aprés les bassins de l'Oeuure, questera pour la necessité dudit Hospital general ; fait defenses à quelques personnes que ce soit, d'y apporter aucun empeschement. FAIT en Parlement, le ciquiesme iour de Decembre mil six cent cinquante-neuf.

Signé, DV TILLET.

Arrest de la Cour de Parlement, du 7. Septembre 1660. sur le Procés verbal de descente faite par Messieurs Deslandes-Payen & Douiat, dans les maisons de l'Hospital general. Du 7. Septembre 1660.

Extraict des Registres de Parlement.

VEV par la Cour l'Arrest d'icelle, du cinquiesme Aoust dernier, obtenu par les Directeurs de l'Hospital general ; par lequel auroit esté ordonné, que M[res] Pierre Payen & Iean Douiat Conseillers en ladite Cour, se transporteroient incessamment audit Hospital general, & lieux en dépendans, pour connoistre de l'estat d'iceux; le nombre des Pauures qui sont de present en chacune des Maisons dépendantes dudit Hospital: Comme aussi des personnes preposées au dedans desdites Maisons, pour la conduite desdits Pauures, tant au spirituel qu'au temporel; ensemble, des Officiers, de leurs qualitez & employs; se feroient representer les comptes qui auoient esté rendus, de la recepte & dépense dudit Hospital; & l'estat sommaire de celuy qui est à rendre pour la presente année, & de tout dresser Procés verbal; pour iceluy veu, rapporté, & communiqué au Procureur general du Roy, estre ordonné ce que de raison. Procés verbal fait par lesdits M[res] Pierre Payen & Iean Douiat Conseillers, le vingtiesme Aoust dernier, en presence de l'vn des Substituts, contenant le transport par luy fait audit Hospital general, & lieux en dépendans, où ils auroient reconnu l'estat d'iceux, le nombre des Pauures qui y estoient lors, & dans chacune des Maisons dépendantes dudit Hospital general; mesmes les personnes preposées au dedans desdites Maisons, à l'effet de la conduite desdits Pauures, tant au spirituel que temporel; des Officiers, de leurs qualitez & employs; & la representation à eux faite des comptes qui auroient esté rendus, de la recèpte & dépense dudit Hospital; mesmes l'estat sommaire de celuy qui estoit à rendre en ladite année mil six cent cinquante-neuf; l'estat & inuentaire general des meubles & vstanciles de la Maison de Sainct-Iean Baptiste dudit Hospital; l'estat & inuentaire des ornemens de l'Eglise, seruans à la Chappelle de ladite Maison de Sainct-Iean Baptiste dudit Hospital general; l'estat des corps de logis & pauillons de ladite Maison; l'estat de la Maison de Nostre-Dame de Pitié dudit Hospital general; l'inuentaire des meubles, vstanciles, & linges estans dans les dortoirs dudit Hospital de la Pitié, & autres lieux; celuy des meubles de la Sacristie dudit Hospital; les Registres qui y sont tenus; l'estat de la Maison de la Petite-Pitié dépendant dudit Hospital general; l'inuentaire des meubles & vstanciles de ladite Maison; la description de la Maison Sainct-Denys, dit la Salpestriere, de l'Hospital general; les Registres de ladite Maison; l'inuentaire des ornemens d'Eglise de ladite Maison de Sainct Denys, fait au mois de Feurier dernier; l'estat de la Maison de Sainct-Nicolas, dite la Sauonnerie, dépendante dudit Hospital general; l'inuentaire des meubles & vstanciles de ladite Maison, auec celuy des ornemens, argenterie & linges seruans à l'Eglise de ladite Maison; l'estat de la Maison de Saincte-

Marthe, dite Scipion, de l'Hospital general; les inuentaires des meubles & vstanciles de ladite Maison, &des ornemens de l'Eglise d'icelle, & le memoire des Registres que l'on tient dans ladite Maison; sommaires des comptes rendus par Maistre Mathieu Arondeau Receueur de l'Hospital general, pour les années mil six cent cinquante-sept, & mil six cent cinquante-huict : le memoire des Fondations faites, tant en l'Hospital de Nostre-Dame de Pitié, qu'audit Hospital general, depuis son establissement; l'estat des sommes de deniers prouenus des rachapts de rentes & fonds appartenans audit Hospital general, consommez à l'acquit de ses debtes, en l'année mil six cent cinquante-neuf; l'estat des debtes deuës par ledit Hospital; l'estat de la dispensation du sel qui se fait dans les cinq Maisons dudit Hospital general, & dans les cantons de la Ville, pour les Mandians mariez, & pour la Maison des pauures Taigneux; auec l'estat des Officiers & Pauures de la Maison de la Pitié; & l'estat de ce qui a esté payé par le Receueur de l'Hospital general en l'année mil six cent cinquante-huict, pour la retribution des Ecclesiastiques, gages des Officiers, & appointemens des Archers dudit Hospital, extrait du neufiesme chapitre de dépense du compte rendu pour ladite année : Conclusions du Procureur general du Roy; oüy le rapport de Mre Iean Douiat Conſeiller du Roy en ladite Cour, & tout conſideré: LADITE COVR a donné acte aux Directeurs de l'Hoſpital general de leurs declarations, dires, proteſtations, remonſtrances, & requiſitoires inſerez au Procés verbal des Commiſſaires de ladite Cour, des vingt-quatre & vingt-cinquieſme Aouſt, & ſeptieſme Septembre mil ſix cent cinquante-neuf: Ordonné qu'ils feront diligence de faire vuider les oppoſitions formées à l'enregiſtrement des Lettres Patentes de don de la Maiſon de la Salpeſtriere, à preſent dite de S. Denys, & des places, droicts, & autres choſes y mentionnées: Qu'ils ſe pouruoyront pardeuers le Roy, pour obtenir la permiſſion d'enfermer les Mandians mariez; & des fonds ſuffiſans pour ſatisfaire, tant au payement de ce qui eſt deub, qu'à la ſubſiſtance dudit Hoſpital general; meſmes pour l'augmentation de l'exemption du vin, outre les mil muids par chacun an; & du franc-ſallé, outre les quatre muids de ſel, auſſi par chacun an, accordez par ledit Seigneur Roy audit Hoſpital general; & pour ioindre la ruelle qui ſepare les Maiſons & Ieu de paulme nouuellement acquis, au faux-bourg de Sainct Victor, à l'Hoſpital de la Pitié: Enſemble, pour faire les chauſſées du paué des longueurs & largeurs neceſſaires, ſçauoir, depuis le grand chemin de Ville-neufue iuſques à la Maiſon de Biſextre, dite Sainct-Iean Baptiſte; le chemin d'enhaut allant à la Maiſon de la Salpeſtriere, dite de S. Denys, au deſſus du Marché aux cheuaux du faux-bourg Sainct Victor; & la ruë de la Maiſon de Scipion, à preſent dite de Saincte-Marthe. Que la voirie qui eſt proche de ladite Maiſon de la Salpeſtriere, eſtant dans le reſſort de la Iuſtice de l'Abbaye de Saincte Geneuiefue, ſera changée du lieu où elle eſt à preſent, & portée plus loin, & miſe en lieu commode; en ſorte que le public, ny les Pauures n'en ſoient point incommodez. Que toutes les Communautez Seculieres & Regulieres, de l'vn & l'autre ſexe, non exceptées par les Lettres d'eſtabliſſement dudit Hoſpital, & les Corps Laïcs, les Fabriques des Egliſes, les Chappelles & Confrairies, & les Corps des Meſtiers, tant de la ville que des faux-bourgs de Paris, ſeront taxez ſuiuant les Lettres du mois d'Auril mil ſix cent cinquante-ſix; ſans que les Bourgeois en particulier ſoient ſubiets à aucune taxe, ſinon en cas de tres-grande neceſſité, & qu'il en fuſt beſoin, pour empeſcher la cheute dudit Hoſpital general; auquel ladite Cour declare appartenir tout ce qui a eſté, ou ſera donné pour les Pauures, dont l'application particuliere n'aura point eſté faite par eſcrit, par les Donateurs ou Teſtateurs, ſans que les Executeurs, ou autres, en puiſſent autrement diſpoſer. Enioint au Preuoſt de Paris de proceder inceſſamment, & ſans delay, à l'enregiſtrement desdites Lettres d'establissement de l'Hospital general, du mois d'Auril mil six cent cinquante-six, & de l'Arrest interuenu sur icelles le premier Septembre ensuiuant; & au Substitut du Procureur general au Chastelet, d'y tenir la main, & d'en certifier la Cour au mois. Que le temps de six années, pour gagner les Maistrises des Garçons Apoticaires & Chirurgiens, & de tous les Ouuriers, sera compté du iour que chacun desdits Garçons sera actuellement audit Hospital; & ce, sur les certificats des Directeurs, encores qu'il n'y ait eu iusques à present aucun interrogatoire ny reception des Garçons Apoticaires ny Chirurgiens, à la charge de subir par luy, en execution du present Arrest, l'interrogatoire & examen, & ainsi qu'il s'obserue à l'Hostel-Dieu de Paris. Que l'Arrest de ladite Cour, du sixiesme Septembre, touchant la reception des Officiers de Police, des six Corps des Marchands, des Apprentifs, & des Maistres & Iurez de ladite ville & faux-bourgs de Paris, sera executé selon sa forme & teneur. Que les Notaires qui receuront les Testamens, seront tenus d'aduertir les Testateurs, de laisser quelque aumosne audit Hospital general, à peine de quatre liures parisis d'amende contre lesdits Notaires contreuenans, & en feront mention dans lesdits Testamens: LADITE COVR fait tres-expresses inhibitions & defenses à toutes personnes de mandier, à peine du foüet; ce qui ſera executé, nonobſtant oppoſitions ou appellations quelconques : Et à cette fin, enioint au Bailly & Archers des Pauures d'en faire vne exacte perquiſition, & à tous Officiers & Bourgeois leur preſter main-forte; & en cas de beſoin, procedé extraordinairement contre toutes perſonnes, qui empeſcheront cy-aprés leſdits Bailly & Archers de prendre & conduire les Pauures, & les contreuenans punis exemplairement. Que conformément à l'Arreſt de ladite Cour, du vingt-ſeptieſme Nouembre dernier, les Pauures mandians valides, les faineans & vagabons, les Soldats eſtropiez, & les Pauures mandians qui ne ſont nez ny demeurans en ladite ville & faux-bourgs de Paris depuis vn an, ſeront tenus de ſe retirer au lieu de leur naiſſance, dans quinze iours aprés la publication qui ſera faite du preſent Arreſt, pour tout delay, à peine du foüet, ſinon au cas qu'ils renoncent à la mandicité; & ſi aprés ladite renonciation ils ſont trouuez mandians, ils ſeront pris, & publiquement fuſtigez : Enioint aux Commiſſaires du Chaſtelet, & autres Officiers, de preſter main-forte pour leſdites captures, à peine d'en reſpondre en leurs propres & priuez noms. LADITE COVR fait tres-expreſſes deffenſes à toutes perſonnes, de donner manuelement l'aumoſne à aucuns Pauures trouuez mandians publiquement, ou ſecretement, ſoubs quelque

quelque pretexte que ce soit; & en cas de contrauention, la peine de quatre liures parisis, portée par la Declaration, declarée encouruë contre les contreuenans; & outre, sera informé & procedé contre eux extraordinairement. Que sur le tout, les Bailly, Brigadiers, & Archers dudit Hospital general dresseront leurs Procés verbaux, sur lesquels il sera decreté, suiuant l'Arrest du vingt-septiesme Nouembre, mil six cent cinquante-neuf. Que nouuelle estimation sera faite de la maison des nommez Robert & Aymard, ioignant celle de la Pitié; & que l'aduance du mur de Pelletier, au deuant de la Maison de Scipion sera incessamment démoly, si fait n'a esté, & le mur restably en droite ligne, aux fraiz & dépens dudit Hospital general. L'Arrest de ladite Cour, du sixiesme Septembre, mil six cent cinquante-neuf, touchant les femmes grosses, atteintes du mal venerien, sera executé, & pourueu d'vn lieu pour enfermer les Fols & Folles qui sont à present, ou seront cy-aprés audit Hospital general. Au surplus, ordonne que les Lettres, Reglemens, & Arrests de ladite Cour, concernans ledit Hospital general, seront executez selon leur forme & teneur; auec defenses à toutes personnes d'y contreuenir, sur les peines y contenuës, & sans qu'aucun en puisse obtenir descharge ny moderation: Et à cette fin, lesdites Lettres du mois d'Auril, mil ſix cent cinquante-ſix, l'Arreſt d'enregiſtrement d'icelles, & autres Arreſts donnez en conſequence, & le preſent, ſeront leus & publiez à ſon de trompe & cry public, & affichez par tout où beſoin ſera, afin que perſonne n'en pretende cauſe d'ignorance. FAIT en Parlement, le ſeptieſme Septembre, mil ſix cent ſoixante.

Signé par collation, DV TILLET.

www.ingramcontent.com/pod-product-compliance
Ingram Content Group UK Ltd.
Pitfield, Milton Keynes, MK11 3LW, UK
UKHW020559180726
13838UKWH00001B/347

9 782329 493244